Verlorene Strahlkraft

THEOLOGIE KONTROVERS ›‹

Verlorene Strahlkraft

Welches Glaubenszeugnis heute gefragt ist

Herausgegeben von Thomas Marschler und Klaus von Stosch

HERDER

FREIBURG · BASEL · WIEN

MIX
Papier aus verantwortungsvollen Quellen
FSC® C083411
www.fsc.org

www.herder.de
Umschlagkonzeption: Finken & Bumiller, Stuttgart
Umschlaggestaltung: Verlag Herder
Umschlagmotiv: © Emilija Randjelovic/Thinkstock
Satz: dtp studio eckart | Jörg Eckart
Herstellung: CPI books GmbH, Leck
Printed in Germany
ISBN Print 978-3-451-38046-4
ISBN E-Book (PDF) 978-3-451-83046-4

Inhalt

III. Christliches Zeugnis in einer säkularen Welt

Einleitung

Christliches Glaubenszeugnis hat in der Gegenwart einen schweren Stand. Fast könnte man meinen, dass es seine Strahlkraft verloren hat. Auf der einen Seite muss es sich in einem zunehmend säkularen Umfeld gegen den Verdacht erwehren, mit seinen Wahrheitsansprüchen und ethischen Prinzipien den Rationalitätskriterien der Moderne nicht mehr zu entsprechen. Auf der anderen Seite sieht es sich durch einen selbstbewussten Islam herausgefordert, dessen Bekenntnisdynamik ungebrochen zu sein scheint und dessen Präsenz in traditionell christlichen Ländern Europas längst zum politischen Dauerthema geworden ist. Muss sich christlicher Glaube in dieser Situation auf die eigene Identität zurückbesinnen, um wieder missionarische Wirksamkeit entfalten zu können? Oder liegt seine Zukunft in einer Praxis, die entschiedener als bisher gesellschaftliche Pluralität und individuelle Freiheit ernst nimmt? Diesen Fragen möchte sich der vorliegende Band stellen, indem er unterschiedliche Positionen aus der katholischen Theologie miteinander ins Gespräch bringt.

In seinen Beiträgen werden zu fünf verschiedenen Leitfragen jeweils zwei deutlich unterschiedliche Antworten aus dem Spektrum der gegenwärtigen deutschen Theologie nebeneinandergestellt, um so die Spannweite katholischer Identität in der Gegenwart anzudeuten und die breite Vielfalt der Positionen sichtbar zu machen. Die Texte gehen in der Regel nicht direkt aufeinander ein, sind aber bewusst kontrovers angelegt, um zum Nachdenken darüber anzuregen, wie das christliche Glaubenszeugnis seine verlorene Strahlkraft wiedergewinnen kann.

Auf einer prinzipiellen Ebene versuchen sich Saskia Wendel und Thomas Marschler zunächst dem übergreifenden

Thema des Buches anzunähern: Wie hat christliches Glaubenszeugnis heute auszusehen? Danach wird diese Frage im Blick auf die Herausforderung des Islams zugespitzt. Felix Körner und Jozef Niewiadomski diskutieren, ob Christen und Muslime an denselben Gott glauben. Klaus von Stosch und Christian Troll streiten darüber, ob das christliche Glaubenszeugnis auf die Konversion von Muslimen abzuzielen hat. Im dritten Teil des Buches geht es um das Glaubenszeugnis der Christen gegenüber nichtreligiösen Menschen. Während Martin Dürnberger und Jörg Splett diese Frage grundsätzlich theologisch bedenken, bemühen sich Reinhard Hauke und Kurt Wallner im Ausgang von persönlichen Erfahrungen um konkrete pastorale Konzepte. In allen Fällen treten klare Unterschiede und Gegensätze zwischen den Autoren zu Tage, und doch erscheinen uns die Beiträge zugleich so gestaltet zu sein, dass sie gemeinsam etwas vom Reichtum und der Vielfalt des Katholischen sichtbar machen. Gerade die produktive Füllung dieser Vielfalt durch profilierte Konzepte unterschiedlicher Provenienz könnte dem Glaubenszeugnis wieder mehr Strahlkraft geben und die ganze Weite der Katholizität der Kirche sichtbar machen.

Wir hoffen jedenfalls, mit diesem kleinen Band eine lesenswerte Streitschrift vorzulegen, und danken Herrn Clemens Carl vom Verlag Herder für seine Anregung zu dem Projekt und seine hilfreiche Begleitung des Entstehungsprozesses. Herrn Jan Christian Pinsch danken wir für seine Hilfeleistungen auf redaktioneller Ebene. Vielleicht kann das Büchlein dazu beitragen, dass in der katholischen Theologie auch über Schul- und Lagergrenzen hinweg wieder mehr miteinander um die zentralen Fragen unseres Glaubens und der kirchlichen Zukunft gerungen wird.

Augsburg / Paderborn im April 2018
Thomas Marschler und Klaus von Stosch

I. Zeugnisschwaches Christentum?

In Freiheit das „Leben in Fülle" bezeugen

Saskia Wendel

1. Christliches Glaubenszeugnis – ein „rettender" Identitätsmarker in Krisenzeiten?

„Wo aber Gefahr ist, wächst das Rettende auch", schrieb einst Friedrich Hölderlin und dachte dabei auch, noch ganz im Mainstream seiner Zeit, an die göttliche Offenbarung. Heutzutage sind die Vorstellungen darüber, worin das Rettende besteht, in unserem gesellschaftlichen Kontext plural. Es scheint aber eine bleibende Konstante zu sein, dass in Krisenzeiten das Bedürfnis nach dem Rettenden wächst, und das ist oft gleichbedeutend mit dem Bedürfnis nach Sicherheit und Bestand. Eine ebenso bleibende Konstante ist es, dabei auf Diskurse zurückzugreifen, die die anvisierte Bestandssicherung leisten sollen, und dies umso mehr, wenn das Gefühl wachsender Gefahr an das Gefühl von Identitätsverlust gebunden ist. Als rettend gilt dann der Bezug auf eine Identitätserzählung, die das Verlorene wiederherstellen, so auch die Krise entschärfen und letztlich die subjektiv empfundene Gefahr bannen kann. Geschaffen wird auf diese Weise neben dem Gefühl von Sicherheit und Bestand auch ein Gefühl von Zugehörigkeit, Beheimatung und Orientierung, und all das reduziert die als bedrohlich empfundene Komplexität an Veränderungen und schafft Ordnung und Struktur in der „neuen Unübersichtlichkeit" globalisierter Gesellschaften. Die Erzeugung von Zugehörigkeit geht oftmals mit derjenigen einer Unterscheidung von Innen und Außen, Selbstheit und Andersheit, Vertrautheit und Fremdheit einher – bis hin zur Unterscheidung von Freund und Feind. Als identitätsstiftende Marker gelten in der Regel Diversitätskategorien – Ethnie, Geschlecht, sozialer Status. Eine ebenso konstante Begleiterscheinung des Empfindens von Risiken, Krisen und Gefahren ist das Aufkommen struktur- und kulturkonservativer Verfallserzählungen, insbesondere die Behauptung eines sittlichen Verfalls der Gesellschaft als Ganzer wie auch der einzelnen Bürger(innen), von Dekadenz und Niedergang, Beliebigkeit und Willkür, die Markierung der angeblichen Permissivität moderner Gesellschaften nebst der Aufforderung zur Bereitschaft, sich (wieder) an Traditionen, an angestammte Werte und Normen zu binden und so die Ordnung und Struktur wiederherzustellen, die man als die erwachsende Rettung mitten in der wachsenden Gefahr ansieht – die mehrfach beschworene Suche nach einer sogenannten Leitkultur gehört dazu.

In diesem Szenario von angeblicher Gefahr und Rettung spielt auch der Rekurs auf Religion eine wichtige Rolle, insbesondere dann, wenn ihr die Funktionen Komplexitätsreduktion, Kontingenzbewältigung und Gesellschaftsstabilisation zugeschrieben werden; im Verbund mit dem Rekurs auf die Konstruktionen einer quasi naturwüchsigen Nation und eines ehedem christlichen Abendlandes wird dem Christentum diese Funktion zugesprochen. Der Ruf nach einem Wiedererstarken des christlichen Zeugnisses hängt zu einem nicht unwesentlichen Teil auch damit zusammen. Im spezifisch katholischen Kontext begegnen manchmal auch Versuche, das Bedürfnis nach sicherheitsspendendem christlichen Glauben und das anvisierte starke Zeugnis nach außen auch gleichsam von innen her durch ein theoretisches Fundament an „Glaubenswissen“ sowie durch Orientierung an der überlieferten, vom kirchlichen Lehramt zu schützenden und zu bewahrenden Lehre abzusichern, die im Glauben gehorsam anzunehmen, weiterzugeben und zu bezeugen sei.

Problematisch ist hier nicht die politische Funktion, die dem Christentum in diesem Zusammenhang zugesprochen wird; das Christentum hat seit seinen Anfängen eine politische Bedeutung. Problematisch ist vielmehr zum einen die Bestimmung der politischen Funktion des Christentums als ausschließlich identitätsstiftender und -stabilisierender Diskurs, und dies derzeit sogar weniger im Dienst der Bewahrung des Bestehenden, sondern der Verklärung des Vergangenen, und zum anderen der Bezug auf einen durch das Freund / Feind-Schema bestimmten Begriff des Politischen. In diesem Kontext wird der Bezug auf „Glaubenszeugnisse" prekär, zumal dann, wenn sie als „Stärkung" des „Eigenen" gegenüber dem „Anderen" fungieren sollen. Hier ist nicht nur theologische Distanz, sondern deutlicher theologischer Einspruch geboten. Diese politischen Vorbemerkungen sind keineswegs nebensächlich, wenn es um Überlegungen zum Glaubensverständnis geht. Die *analysis fidei* ist wie die Theologie als Ganze keine politikfreie, neutrale Zone, und das vor allem dann nicht, wenn es um die Praxis des Bezeugens des Glaubens *ad extra*, in der Öffentlichkeit, zu tun ist.

2. Glaubenspraxis – das „Leben in Fülle" bezeugen

In biblischer Hinsicht ist Glaube ein Doppeltes: eine Einstellung bzw. Haltung, die weder mit diskursiv gewonnenem Wissen noch mit sich unmittelbar einstellender sicherer Gewissheit identisch ist, sondern mit einem auf begründetem Vertrauen basierenden festen Überzeugtsein von etwas oder jemandem sowie eine Praxis, die dann neutestamentlich primär als Nachfolgepraxis verstanden wird. Ihre Richtschnur ist die Botschaft vom Reich Gottes, die mit der Aufforderung zur Achtung des Gebotes der Gottes-, der Nächsten- und Fernsten- sowie der Feindesliebe verbunden ist. In

Lk 10,28 heißt es: „Handle danach, und du wirst leben." Konkretisiert wird diese Perspektive im Gleichnis vom barmherzigen Samariter, welches mit der Forderung „Geh und handle genauso" (Lk 10,37) abgeschlossen wird.

Dieses Verständnis des Glaubens lässt sich auch philosophisch rechtfertigen. Denn bestimmt man den Glauben als Praxis, dann folgt man genau besehen der Zuordnung des Glaubens zum Bereich der praktischen Vernunft, die Immanuel Kant in seinen religionsphilosophischen Überlegungen vorgenommen hatte: Der Glaube bezieht sich weder auf die Frage „Was kann ich wissen?" noch auf die Frage „Warum ist überhaupt etwas und nicht vielmehr nichts?", sondern auf die Frage „Was darf ich hoffen?", die eng mit der Frage „Was soll ich tun?" verbunden ist. Für die theoretische Vernunft ist die Gotteserkenntnis unmöglich, verstrickt sie sich doch in die von Kant so bezeichnete transzendentale Illusion der theoretischen Vernunft und in spekulativen Dogmatismus, wenn sie die Existenz Gottes zu beweisen sucht, weil die Erkenntnis Gottes den Bereich möglicher Erfahrung sprengt. Die Unmöglichkeit theoretischen Wissens über Gott mündet jedoch in kantischer Perspektive in einen gleichfalls vernünftig aufweisbaren moralischen Glauben an Gott, der sich von einem bloß subjektiven Meinen oder Für-wahr-halten der Existenz Gottes unterscheidet; der moralische Glaube basiert auf der Gewissheit des Faktums unbedingten Sollens und des daraus abgeleiteten Ideals des höchsten Gutes.

Dieser Glaubensbegriff wird durch den Begriff des Postulats der reinen praktischen Vernunft noch näher bestimmt. Es geht um Urteile, die auf moralischer Einsicht, also Einsicht praktischer Vernunft, basieren, selbst aber nicht mehr direkt von praktischer Bedeutung sind, sondern auf theoretische Einsicht abzielen, so etwa die Existenz Gottes, die Unsterblichkeit der Seele und die Freiheit – in theoretischer

Hinsicht sind sie allesamt transzendentale, lediglich regulative Ideen der reinen theoretischen Vernunft. Glauben wird somit von Kant als ein gegründetes Vertrauen bestimmt: Vertrauen, da kein Wissen, doch gegründetes Vertrauen, da auf Vernunftgründen basierend. Es wird somit nicht aus Konvention oder auf bloße Autorität hin geglaubt – das wäre purer Fideismus –, sondern aufgrund meiner eigenen Vernunfteinsicht. Zugleich aber macht die kantische „Wende zur Praxis" im Feld der Religion deutlich, dass der Glaube selbst als Teil der praktischen Vernunft und als „moralischer Vernunftglaube" schon Praxis ist, Vollzug, allerdings reflektierte Praxis auf der Basis vernünftig gerechtfertigter Gründe.

Aus der praktischen Dimension des Glaubens ergibt sich allerdings keineswegs intrinsisch das Verständnis des Glaubens als Handeln. Praxis könnte ja auch im Sinne eines Wirkens verstanden werden, dem Nexus von Ursache und Wirkung entsprechend, und Wirken ist mit Handeln nicht gleichbedeutend. Dinge und Ereignisse wirken, und dies entsprechend bestimmter Gesetzmäßigkeiten, Handeln aber ist das Tätigsein von Personen, jedoch auch nicht ein jedes Tätigsein, das eine Person ausübt. Vielmehr ist hier zwischen einem herstellenden Tätigsein und einem schaffenden Tätigsein im Sinne eines Neubeginnens und eines auf die Lebensführung bezogenen Tuns zu differenzieren; Herstellen ist nicht identisch mit Handeln. Jenes Handeln lässt sich etwa in Bezug auf Hannah Arendt auch als Fähigkeit verstehen, einen Anfang zu machen, und diese Fähigkeit ist an Freiheit gebunden. Glauben ist so als freies Tätigsein einer Person bestimmt, in dessen Zentrum der Bezug auf konkrete Glaubensüberzeugungen steht.

Politische Theologien, Befreiungstheologien und Feministische Theologien haben zu Recht darauf hingewiesen, dass dieses Handeln sich mitten in Geschichte und Gesellschaft vollzieht und folglich nie nur individuell ist, sondern immer eine gesellschaftliche Relevanz und politische Dimension besitzt, deren Leugnung diese Dimension quasi *ex negativo* bestätigt: Wer behauptet, sein Handeln sei dezidiert unpolitisch oder neutral, ist genau darin schon politisch, denn es stützt zumindest den *status quo* und gibt so einer bestimmten Form des Politischen Raum. Zudem ist ja gerade die christliche Glaubenspraxis als Praxis der Nachfolge Jesu immer schon auf das konkrete Heilshandeln Jesu in Geschichte und Gesellschaft verwiesen, auf das sich die jesuanische Aufforderung des „Geh und handle genauso" bezieht, und dieses Handeln folgt einer klaren Option: der universalen Solidarität mit allen Leidenden, Armen, Entrechteten, Diskriminierten und Marginalisierten, einer Solidarität noch über den Tod hinaus und damit mit allen Opfern der Geschichte. Solch ein innovatorisches Handeln ist jedoch immer auf Veränderung konkreter Verhältnisse ausgerichtet, die der zugesagten Vollendung entgegenstehen, und insofern ist es nie nur von individueller, sondern von zutiefst politischer Bedeutung, und es ist auch nicht neutral, sondern speist sich aus einer parteilichen Option für die Armen.

Man könnte einwenden, dass diese Praxis eben, weil sie stets auch durch materiale Gehalte bestimmt ist, auf die sie sich bezieht, ohne Kenntnis dieser Gehalte und damit ohne „Glaubenswissen" nicht auskommt, und dass etwa der Bezug auf die Reich-Gottes-Botschaft einer Begründung bedürfe, ansonsten handle es sich bei dem Anspruch auf universale Geltung dieser Botschaft um eine fideistisch anmutende Behauptung oder dezisionistische Setzung. Unbestreitbar besitzt eine Praxis immer Gehalte, die sie bestimmen, doch diese Gehalte reflektiert die praktische Vernunft ebenso wie die Gründe, die diese Praxis rechtfertigen. Der „praktische Vernunftglaube" ist weder irrational noch willkürlich; wer glaubt, verpflichtet sich sowohl auf die Möglichkeit des intelligiblen, kognitiven Nachvollzuges des Geglaubten als auch auf die Realität des Geglaubten und nicht nur auf emotionale Befindlichkeiten.

Gleichwohl handelt es sich nicht um Wissensüberzeugungen theoretischer Art, und das rechtfertigende Verfahren sowohl dieser Überzeugungen als auch der Praxis, die sie bestimmen, ist nicht auf den Geltungsanspruch auf Wahrheit fokussiert, der eben Wissensüberzeugungen zu eigen ist, sondern auf normative Richtigkeit und auf Wahrhaftigkeit. Die Reflexion konkreter religiöser Überzeugungen hat somit nichts mit einem „Glaubenswissen" zu tun, das zweifelsfreie Einsicht und eine objektive „Glaubensgewissheit" vermittelt. Zudem setzt sich jeder Glaubensakt aus einer ihn leitenden Doppelstruktur zusammen: aus einer thematisch unbestimmten Haltung bzw. Einstellung, die nicht mit „wissen" verbunden ist, sondern mit der Fähigkeit zu vertrauen (und kantisch formuliert: zu hoffen), und aus konkreten, inhaltlich bestimmten Überzeugungen. Ist die Einstellung weder begründungsfähig noch -bedürftig, so verlangen die Überzeugungen nach einem rechtfertigenden Verfahren, sollen sie in ihrer Geltung nicht nur autoritativ oder rein konventional behauptet werden.

In seiner Doppelstruktur von erstpersönlicher, formaler Haltung des Vertrauens und von reflexiver, material bestimmter Überzeugung zeigt sich die Rationalität der Glaubenspraxis, mithin die Rationalität des Glaubens überhaupt – Glaube ist der Vernunft nicht als ein ihr Anderes entgegengesetzt, sondern gehört ihr zu: als intendierte, gewollte Handlung, als formale erstpersönliche Haltung und Einstellung, als konkrete gerechtfertigte Überzeugung. Diese Rationalität erstreckt sich nicht nur auf die „natürliche Erkenntnis" der sogenannten *praeambula fidei* und erschöpft sich auch nicht darin, dass dem Intellekt durch göttliche Offenbarung gegebene, also nicht der Vernunft entspringende Gehalte zur rationalen Rechtfertigung und dem Willen zur Zustimmung aufgegeben sind, unterstützt durch eine hinzutretende, im Inneren wirkende göttliche Gnadengabe, die den Intellekt erleuchtet und den Willen zur Glaubensannahme und zur Zustimmung zu den Gehalten bewegt. Wäre dies so, wäre die Vernunft (und mit ihr der Glaube) im Vollzug ihrer unterschiedlichen Vermögen nicht frei, denn ihr fehlte im Blick auf den Glauben nicht nur die negative Freiheit im Sinne von Autonomie und Selbstbestimmung, sondern auch die positive im Sinne von Kreativität, der Fähigkeit, Neues hervorzubringen und Bestehendes zu verändern. Vor diesem Hintergrund ist auch das traditionelle Verständnis des Glaubens als „Vermögen zu gehorchen“ (*potentia oboedientialis*) zu kritisieren. Glauben impliziert somit weder „Glaubenswissen“ in theoretischer noch „Glaubensgehorsam“ in praktischer Hinsicht. Glauben ist freier Vollzug bewussten Lebens im Zusammenspiel von Gefühl, Intellekt, Wille und Handlung, intentional gerichtet auf Unbedingtes, in theistischen Religionen als „Gott“ und im Christentum als in Jesus von Nazareth zur Erscheinung kommender Gott bestimmt – und darin dann auch wie gesehen auf die Reich-Gottes-Botschaft Jesu ausgerichtet, die für die Glaubenspraxis handlungsanleitend ist. Der glaubende Mensch entspricht im freien Vollzug des Glaubens dem freien Gott, an den er glaubt – anders wäre er nicht Bild dieses freien Gottes. Zwischen Gott und Mensch besteht im Glauben ein Freiheitsverhältnis, sie begegnen sich unbeschadet der Asymmetrie zwischen Ursprung und Entsprungenem, Schöpfer und Geschöpf, gleichsam auf Augenhöhe.

Aus dieser Bestimmung des Glaubens folgt ein Doppeltes: Sein „Bekenntnis“ ist erstens praktischer Art, also eine Frage des Handelns, gerechtfertigt durch gute Gründe, weniger der expliziten Zustimmung zu als unveränderlich deklarierten Gehalten; das *credo* erschöpft sich nicht im Wiederholen alter Formeln, sondern findet in einem Tun seinen Ausdruck, das von einer Haltung getragen ist, die sich durch ein Vertrauen auf einen Gott bestimmt, der in seiner Selbstmitteilung in Jesus von Nazareth einer jeglichen Kreatur Heil und Vollendung zugesagt hat und immer wieder neu zusagt. Kann jene Haltung auch in ihrem Aufkommen nicht begründet werden – in dieser Hinsicht ist sie in der Tat ungeschuldet und unverfügbar –, so ist sie allerdings zweitens auch nicht schlichtweg Folge einer Art göttlicher Intervention in die menschlichen Vermögen des Bewusstseins, d.h. kein Resultat einer direkten oder indirekten Gnadeneinwirkung (was im Übrigen stets das Problem einer willkürlich anmutenden Gnadenwahl und damit das Theodizeeproblem mit sich brächte). Glauben wurzelt nicht in der bedingungslosen Unterwerfung unter eine Autorität, sei sie menschlicher oder göttlicher Art, so wie auch das religiöse „sich festmachen an etwas oder jemandem" die Haltung des Vertrauens bedeutet und eben nicht Unterordnung oder gar Unterwerfung unter etwas oder jemanden. Glauben ist so gesehen ein *autonomes* menschliches Vermögen, der Vernunft zugehörende epistemische Einstellung sowie eine dem bewussten Leben als Ganzes zugehörige Haltung wie Handlung. Hier ist eine entscheidende Differenz zu heteronomen Glaubenslehren markiert, die diesen stets noch an eine ihm vorgeordnete Autorität binden wollen, sowie zu primär theoretischen Bestimmungen des Glaubens, die ihn dann mit dem Label „wahr" versehen, wenn er in theoretischer Hinsicht als „wahr" bezeichnete Überzeugungen gehorsam anerkennt und in praktischer Hinsicht in Übereinstimmung mit diesen Überzeugungen handelt, sie also ihnen folgend getreu umsetzt.

Handelt es sich nun aber beim Glauben wesentlich um eine Praxis, dann kann hier durchaus der Zeugnisbegriff bedeutsam sein, ohne dieses Zeugnis als Bekundung von „Wissen“ oder eines rein theoretischen „Bekenntnisses“ zu als „wahr“ deklarierten Gehalten misszuverstehen. Denn die Praxis des Glaubens bezeugt in der Hinsicht, als sie sich auf die universale Geltung der in Christus ergangenen Heilszusage und der Reich-Gottes-Botschaft verpflichtet und dafür insofern einsteht, als sie diese performativ antizipiert, wenn auch deren Erfüllung bleibend aussteht. Doch dieses Zeugnis kann nur dann demjenigen entsprechen, auf den es sich bezieht, wenn es andere Freiheit (und damit auch die Freiheit, nicht zu glauben) respektiert und darin die gottbildliche Würde der Anderen anerkennt. So verstanden hat jenes Zeugnis nichts mit Rekrutierungs- oder gar Bekehrungsmaßnahmen gemein und auch nicht mit missionarischem Eifer. Und schon gar nicht dient es zu Zwecken der Demonstration von Stärke oder zu bestandssichernder Identitätsvergewisserung, ebenso wenig zur Markierung einer Unterscheidung entlang der Codes eigen / anders, vertraut / fremd, Freund / Feind.

Jenes Zeugnis kann sowohl individuell wie kollektiv in Gemeinschaft mit anderen vollzogen werden, und die Kirche versteht sich als eine Gemeinschaft, deren Handeln eben jene Heilszusage bezeugen soll, die in Jesus von Nazareth zur Erscheinung gekommen ist, ein Handeln, das in jenem Bezug auf das Handeln Jesu als Praxis der Nachfolge Jesu gekennzeichnet werden kann. Kirche, *ecclesia*, ist Gemeinschaft derjenigen, die sich zu einem Handeln herausgerufen verstehen, welches die Hoffnung auf das Leben in Fülle bezeugt, das in Jesus selbst schon angebrochen ist. Jenes Zeugnis geschieht in besonderer Art und Weise im Grundvollzug der *diakonia*, dem Solidaritätshandeln, das im Zentrum der Reich-Gottes-Botschaft Jesu steht und auf das alle anderen kirchlichen Grundvollzüge bezogen sind: Ohne Bezug auf die *diakonia* wären diese entleerte, buchstäblich sinnlose Handlungen. Das Glaubenszeugnis ist jedoch keineswegs auf die konkrete Zeugnisgemeinschaft „Kirche“ und deren Grundvollzüge beschränkt, es kann sich vielmehr in vielfältiger Art und Weise vollziehen, der Pluralität der Vollzüge bewussten Lebens und des gesellschaftlichen Zusammenlebens entsprechend, also auch in nichtkirchlichen Institutionen, Organisationsformen und Gemeinschaften.

3. Theologie als autonome Reflexion der Glaubenspraxis

Wenn man nun aber den Glauben als Praxis bestimmt, stellt sich umso mehr die Frage nach deren Kriterien und nach deren Begründung. Denn die Praxis trägt ihr Kriterium nicht schon in sich selbst etwa dadurch, dass nur Gültigkeit für sich beanspruchen kann, was sich in der Praxis bewährt. Bewährung in der Praxis allein ist ja kein zureichender Grund für den Anspruch universaler Gültigkeit bestimmter Praxen, es könnten sich ja auch ethisch fragwürdige Praxen bewähren. Zwar bedarf jede Reflexion des Bezugs auf Erfahrung, denn ohne diese gibt sich ihr nichts zu denken, doch ohne Reflexion bleibt Praxis unbestimmt und wäre dann auch nicht kritisch bestimmbar. Dies gilt umso mehr von einer Praxis, die mit religiösen Überzeugungen verbunden ist, die aufs Ganze der Lebensführung abzielen. Die rechtfertigende Reflexion der Praxis ist darüber hinaus auch deshalb unverzichtbar, weil die mit ihr verbundenen universalen Geltungsansprüche diskursiv auszuweisen und damit auch kritisch zu prüfen sind. Unterbleibt dies, ist Immunisierung die Folge, die zu ideologischer Verzerrung führt. Der Theologie ist nun genau jene Aufgabe der rechtfertigenden Reflexion einer Praxis gegeben, die sich als Praxis der Nachfolge Jesu versteht und dabei auf das feste Vertrauen (den Glauben) auf die Existenz eines von Welt und Mensch unbedingt unterschiedenen, dennoch aber zugleich unbedingt auf Welt und Mensch bezogenen Gottes und sein schöpferisches, erhaltendes und rettendes, vollendendes Handeln setzt. Darin ist sie insofern nicht neutral, als sie immer einen konkreten, in diesem Fall christlichen Standpunkt voraussetzt und sich entsprechend verortet. Dieser Standpunkt schränkt die Freiheit des Reflektierens nicht ein, denn keine Reflexion vollzieht sich ohne erkenntnisleitendes Interesse und ohne Ausgang von einem konkreten *point of view*; die Theologie legt hier allerdings ihren Standpunkt und ihr erkenntnisleitendes Interesse offen, agiert also mit offenem Visier. Unbeschadet dessen wird es der Theologie aber nur dann gelingen, die universale Geltung der Überzeugungen, die sie reflektiert, zu rechtfertigen, wenn sie dabei auch religiöse Überzeugungen und Praxen aus anderen Religionen sowie nichtreligiöse Selbst- und Weltdeutungen in ihren Reflexionsgang mit aufnimmt und berücksichtigt, sich von diesen herausfordern lässt, ja auch in den eigenen Überzeugungen ergänzen und bereichern, ggf. auch korrigieren lässt, und umgekehrt. Dies ist alles andere als „zeugnisschwach", vielmehr zeigt sich genau darin die Stärke eines Zeugnisses, das von sich selbst überzeugt ist, darin zugleich die Anderen würdigt und anerkennt, ohne immer schon alle Positionen und Überzeugungen der Anderen in Gänze zu übernehmen oder abzulehnen. Diese Wertschätzungs- und Respekttoleranz, die über bloße Duldung hinausgeht, gehört unabdingbar zum Kerngeschäft des theologischen Diskurses, und wo sie unterbleibt, bleibt Theologie letztlich hinter ihrem eigenen Anspruch und Auftrag – und genau besehen auch hinter dem ihr eigenen Zeugnis – zurück.

Die theologische Reflexion des Glaubens widerspräche nun ihrem Gehalt, vollzöge sie sich nicht ebenso frei wie dieser; die Autonomie und Kreativität des Glaubens findet in seiner ebenso autonomen wie kreativen Reflexion ihren Widerhall. Die Freiheit des Glaubens scheint mit zwei Traditionsbeständen des Christentums zu konfligieren, zum einen mit der dogmatischen Fixierung seiner Gehalte, zum anderen mit der lehramtlichen Instanz, die ja nicht nur auf die katholische Kirche beschränkt ist. Allerdings können hier einerseits dogmenhermeneutische Überlegungen im Kontext nachvatikanischer Theologie weiterhelfen, die religiöse Überzeugungen nicht mehr auf als wahr deklarierte Sätze mit einer vom geschichtlichen und kontextuellen Sprachgebrauch unabhängigen Bedeutung reduzieren, Unveränderlichkeit eingeschlossen. Und andererseits ist darüber zu reflektieren, worin die lehramtliche Funktion heute bestehen könnte, wenn man anerkennt, dass der Glaube sich auf keinen zeitenthobenen „Schatz" von Glaubenslehren bezieht, die es vor dem autonomen Zugriff der Vernunft zu beschützen gilt. Denn anerkennt man wirklich die Freiheit des Glaubens, widerspräche man sich selbst, wenn man ihn zugleich wieder dekretierend einschränken würde, vom Selbstwiderspruch eines solcherart in seiner Freiheit begrenzten kommunikativen Handelns und wissenschaftlich-diskursiven Verfahrens, auf das sich die Theologie als (universitäre) Wissenschaft eigentlich festgelegt hat, einmal abgesehen. Worin läge denn die Gefahr für den christlichen Glauben, wenn man bestimmte Überzeugungen auf Konsistenz und Kohärenz und auf ihre ethische und lebenspraktische Bedeutung (ohne moralisch-rigorose Überforderung) hin prüft, dabei „das Gute behält", aber auch den Mut aufbringt, sich von dem, was nicht mehr zu überzeugen vermag, zu verabschieden, und dies nicht aus extrinsischen Motivationen wie der Attraktivität nach außen, aus Akzeptanzbedürfnis oder Rekrutierungswünschen heraus? Genau besehen, so lässt sich abschließend konstatieren, hat die Vermutung, dass das Christentum in seinem Glaubensvollzug „zeugnisschwach“ geworden sei, mit Furcht zu tun: vor vermeintlich unübersichtlich und ungeordneten Verhältnissen, vor Veränderung, vor Ungewohntem, Unvertrautem und Fremdem, vor Verlust von Position, Macht und Einfluss. Doch wie heißt es schon in Mk 4,40: „Warum habt ihr solche Angst? Habt ihr noch keinen Glauben?“

Bekenntnis – Grundwort des Glaubens

Thomas Marschler

„Martyria. Den Glauben bezeugen in der Welt von heute“ – so heißt der Titel eines 2015 erschienenen Sammelbandes, der das Wesen des christlichen Bekenntnisses unter den Bedingungen der Gegenwart theologisch zu erschließen versucht. Wenn man die verschiedenen Beiträge durchsieht, fallen drei Tendenzen ins Auge. Die erste, zentrale lässt sich mit Gerhard Kruip als Option für ein „praxeologisches Glaubensverständnis“ kennzeichnen. Kruip schreibt mit Berufung auf das Apostolische Schreiben *Evangelii Gaudium* (2013) des derzeitigen Papstes: „Franziskus betont den Vorrang einer Praxis der Gerechtigkeit und der Liebe gegenüber allen anderen Formen des Glaubenslebens. Er steht damit in großer Nähe zum geradezu klassischen befreiungstheologischen Verständnis von Theologie und kirchlicher Lehre, welche als ‚zweiter Schritt‘ der Praxis und der Praxiserfahrung nachgeordnet werden. Er steht damit aber auch in Übereinstimmung mit Konzepten einer bei uns entwickelten ‚Sozialpastoral‘. In diesem seinem ‚praxeologischen Glaubensverständnis‘ ist die Weltgestaltung aus dem Glauben zugunsten der Armen letztlich wichtiger als Gebet, Sakramentenspendung und theologische Reflexion, ohne dass letztere Aspekte eines christlichen Glaubenslebens freilich unwichtig wären“[1]. Damit ist bereits die zweite Tendenz markiert: Dem sozialen Engagement der Kirche werden andere Formen kirchlicher Praxis, vor allem die unmittelbar auf die Gottesverehrung bezogenen, nachgeordnet. Und auch ein drittes Charakteristikum wird sichtbar. Das zu starke Beharren auf Inhalten der Glaubenslehre wird als Hindernis für das evangelisierende Wirken der Kirche verstanden. Martin Kirschner fordert hier „eine Umkehr der Blickrichtung: Von der (defensiven) Sorge um die Glaubensweitergabe angesichts des drohenden Glaubensabbruchs hin zu einer neuen (ergebnisoffenen) Verkündigung des Evangeliums angesichts der Konflikte und Nöte der Zeit“ und warnt vor „Abgrenzungsstrategien und rückwärtsgewandte[n] Identitätskonstruktionen“[2].

Man kann alle drei Optionen, von denen nicht nur die gegenwärtige Theologie, sondern auch die Kirchenpraxis zunehmend geprägt ist, zweifellos richtig verstehen: als Aufruf zu tätigem, weltzugewandtem Christentum, als Zurückweisung eines falschen Ritualismus und Intellektualismus sowie als Mahnung, die dialogische Offenheit und prophetische Dynamik des Glaubenszeugnisses nicht durch dogmatische Formeltreue zu ersticken. Aber andererseits stehen diese Schwerpunktsetzungen in der Gefahr, einseitig zu werden und Elemente gegeneinander auszuspielen, die im christlichen Bekenntnis untrennbar zusammengehören. Eine Erinnerung an diese Verknüpfung verschiedener Dimensionen des Bekenntnisses ist möglicherweise die bessere Wegweisung in der Verunsicherung der Gegenwart.

1. Glaube als Fundament des Bekenntnisses

Eine neutestamentliche Kernpassage zum Verständnis des Wortes „Bekenntnis“ ist Röm 10,8–13. Paulus greift einen Satz aus dem Kontext alttestamentlicher Theologie der Bundeserneuerung auf (Dtn 30,14), wenn er schreibt: *„Das Wort ist dir nahe, es ist in deinem Mund und in deinem Herzen.* Gemeint ist das Wort des Glaubens, das wir verkündigen; denn wenn du mit deinem Mund bekennst: ‚Jesus ist der Herr‘ und in deinem Herzen glaubst: ‚Gott hat ihn von den

Toten auferweckt', so wirst du gerettet werden. Wer mit dem Herzen glaubt und mit dem Mund bekennt, wird Gerechtigkeit und Heil erlangen. Denn die Schrift sagt: *Wer an ihn glaubt, wird nicht zugrunde gehen.* Darin gibt es keinen Unterschied zwischen Juden und Griechen. Alle haben denselben Herrn; aus seinem Reichtum beschenkt er alle, die ihn anrufen. Denn *jeder, der den Namen des Herrn anruft, wird gerettet werden.*" Fast alle Theologen der späteren Zeit haben an diesen Text angeknüpft, wenn sie über christliches Bekenntnis nachgedacht haben.

Das Bekenntnis des Mundes, so macht Paulus deutlich, gründet im Glauben des Herzens. Dieser Glaube ist nicht unbestimmtes Hoffen oder Vertrauen, sondern hat einen Inhalt und Grund. „Für katholisches Denken", so Henri de Lubac, „bleibt die dogmatische Aussage, obwohl sie den Glaubensakt nicht allein konstituiert, unentbehrlich, um diesem Akt Nahrung und Richtung zu geben. Sie wird immer den Primat der objektiven Wirklichkeit gegenüber deren subjektiven Bedeutung und Aneignung aufrechterhalten"[3]. Der Glaubensakt ist bezogen auf den Gott Israels, der sich in der Auferweckung Jesu von Nazareth als rettender Gott für alle Menschen offenbart hat. Indem sich Gott in seinem Handeln an Jesus selbst bestimmt, indem er sich als „Gerechtigkeit und Heil" schenkender Gott definitiv zu erkennen gibt, weitet er seine Heilszusage auf alle Menschen aus, die im Glauben die Botschaft von der Auferweckung annehmen. Gott selbst wird darin zum letzten Ziel des Menschen; nur deshalb glauben wir nicht nur „ihm" und „ihn", sondern „an ihn": auf ihn hin, unser Leben gewissermaßen „in ihn hinein" ausrichtend und vollziehend. Insofern ist der Glaubensakt selbst der fundamentalste christliche Praxisvollzug. Sein Inhalt fällt nicht mit einer theoretischen Konklusion oder einem praktischen Postulat zusammen, wie sie im Rahmen philosophischer Theologie die Voraussetzungen des Gottesglaubens absichern. Glauben im vollen theologischen Sinn gibt es erst als Antwort auf die geschichtliche Zuwendung Gottes, in der dem Menschen das unverdiente Geschenk der Befreiung von Schuld und Tod angeboten wird. Er ist ausgerichtet auf die Überwindung der Grenzen, an denen kreatürliche Selbstverfügung endet, durch Einbeziehung des Menschen in das innere Leben des trinitarischen Gottes selbst, durch Anteilgabe an seinem „Reichtum". Der Schritt des Glaubens kann darum nur im vertrauenden Entgegennehmen des Wortes gegangen werden, in dem das konkrete Handeln Gottes in und an Jesus von Nazareth in seiner Heilsrelevanz für uns bezeugt wird. Damit hat der Ruf in den Glauben ein klares Ziel und ist insofern niemals „ergebnisoffen". Im Gehorsam des Glaubens erkennen wir zudem den Gnadencharakter dessen an, was wir mit ihm empfangen. Dazu, so macht Paulus mit seiner Anrede in der zweiten Person Singular deutlich, kann sich nur der einzelne Mensch ganz persönlich entscheiden. Er empfängt das Wort von außen, von anderen, in einer Gemeinschaft der Zeugen; aber glaubend antworten kann er nur in seinem eigenen Herzen. Was dabei geschieht, bleibt das Geheimnis zwischen ihm und Gottes Geist in seiner unsichtbaren, verwandelnden Kraft.

2. Bekenntnis als Zeugnis des Glaubens

Aus dem Herzen soll der Glaube den Mund erreichen und zum Bekenntnis werden. „Ich habe geglaubt, darum habe ich geredet", zitiert Paulus im Zweiten Korintherbrief (4,13) den Psalmisten (Ps 110,16). Ohne das ausdrückliche Bekenntnis bliebe der Glaube verborgen und stumm, ohne den Glauben des Herzens käme man über ein Lippenbekenntnis nicht hinaus. Beides gehört zusammen.

Es kennzeichnet den Menschen als personal-leibliches

Wesen, dass er sein Inneres äußert, ja geradezu, wie der Philosoph Helmuth Plessner sagt, unter dem Zwang eines „Sich-aussprechen-Müssens“ steht. Wo immer es um Wahrheit geht, von der sich der Mensch ergriffen weiß und die er durch seine ganze Person hindurch zum Ausdruck bringen will (per-sonare!), wird er zum Zeugen. Persönliches Glaubenszeugnis ist – wie der Glaube, aus dem es hervorgeht – zunächst Antwort in menschlicher Freiheit und Verantwortung auf das im Raum der Zeugengemeinschaft empfangene Wort, in dem Gott sich selbst mitteilt. Darum kennt der Taufritus schon in alter Zeit den dialogischen Ritus des Empfangens des Credo-Textes aus der Hand der Kirche und seines Zurückgebens im eigenen Bekenntnis des Täuflings. So vollzieht sich das Glaubensbekenntnis im lebendigen Austausch zwischen dem ekklesialen Wir und dem je einzelnen Ich.

Aber das Zeugnis kann nicht im Wort enden. Sein inkarnatorisch-sakramentaler Charakter zielt darauf ab, die gesamte Existenz des Menschen zu durchdringen. Im Ritus der Diakonenweihe spricht der Bischof zu den Neugeweihten bei der Überreichung des Evangeliars: „Was du liest, ergreife im Glauben; was du glaubst, das verkünde, und was du verkündest, erfülle im Leben.“ Das gilt im Kern für jede Christin und jeden Christen. Wie Menschen über Gott und sein Handeln an ihnen im Glauben denken, wird zur Norm ihres eigenen Handelns. Cyprian von Karthago († 258) schreibt in seiner Vaterunser-Auslegung: „Anderen niemals Unrecht tun, erlittenes Unrecht aber willig ertragen, mit den Brüdern Frieden halten, den Herrn von ganzem Herzen verehren, ihn lieben als unseren Vater, ihn fürchten als unseren Gott, Christus über alles stellen, weil auch er nichts über uns gestellt hat, ihm in unzertrennlicher Liebe anhangen, voll Mut und Vertrauen zu seinem Kreuz stehen, wenn um seinen Namen und seine Ehre der Streit tobt, mit unserem Mund voll Standhaftigkeit das Bekenntnis ablegen, beim gerichtlichen Verhör voll Zuversicht in den Kampf gehen und im Tod durch Geduld die Krone erringen: das heißt danach streben, ein Miterbe Christi zu sein, das heißt dem Gebot Gottes nachkommen, das heißt den Willen des Vaters erfüllen" (De oratione dominica 15; BKV I/34, 178).

Bekennen als individuelles und gemeinsames Zeugnisgeben von Menschen im und aus dem Glauben entfaltet sich demnach auf verschiedenen Ebenen. Edmund Arens unterscheidet das kerygmatisch-missionarische Zeugnis (die Glaubensweitergabe im Wort), das diakonische Zeugnis (die liebend-solidarische Zuwendung zum Nächsten), das prophetische Zeugnis (den Einspruch aus dem Glauben angesichts gesellschaftlicher Verhältnisse, die dem Evangelium widersprechen) und das pathische Zeugnis (das Standhalten in Glaubensverfolgung)[4]. Aufgrund ihrer Situationsbezogenheit werden diese Elemente nicht auf gleiche Weise in jedem christlichen Leben zur Verwirklichung kommen, doch gehören sie allesamt zum Anspruch, unter den sich der Glaubende mit seinem Bekenntnis stellt. Ihre Verbindung zumindest im Gesamtzeugnis der Kirche ist unverzichtbar für die Glaubwürdigkeit des Christentums vor der Welt.

Aber auch seinem Inhalt nach ist Bekenntnis vielschichtig und steht mit unterschiedlichen Vollzügen des christlichen Lebens in enger Verbindung. Darauf weisen schon die griechischen bzw. lateinischen Vokabeln *(ex)homologia* und *confessio* hin. Thomas von Aquin schreibt: „Dreifach ist das ‚Bekenntnis', welches in den Heiligen Schriften Anerkennung findet. Das erste ist das Bekenntnis dessen, was zum Glauben gehört. Und dieses ist der eigentliche Akt des Glaubens, sofern es auf das Ziel des Glaubens bezogen ist … Das zweite ist das Bekenntnis der Danksagung bzw. des Lobes. Und dies ist ein Akt der Anbetung, denn es ist hingeordnet auf die Gott im äußeren Bereich zu erweisende Ehre, worin das Ziel der Anbetung besteht. Das dritte ist das Bekenntnis der Sünden. Und dieses ist hingeordnet auf die Tilgung der Sünde, die Ziel der Buße ist. Daher gehört es zur Buße" (S.th. II–II, q. 3, a. 1 ad 1). Diese drei Aspekte durchdringen sich gegenseitig und fordern einander: Ich bekenne meinen Glauben an Gott in seiner preiswürdigen Heiligkeit und in seiner erlösenden Barmherzigkeit. Ich lobe Gott, wie ihn mir der Glaube vor Augen stellt, und danke ihm, weil er meine Sünden vergibt. Ich bekenne ihm meine Schuld, weil der Glaube mich dazu ermutigt und mich anleitet, Gottes Erbarmen zu preisen. Die Anerkennung dieser Elemente ist vielen Religionen gemeinsam. Das Christentum setzt sie in Beziehung zum trinitarischen Selbstvollzug Gottes und richtet sein dreifaches Bekenntnis darum immer an den Vater durch Jesus Christus im Heiligen Geist. Adressaten sind aber stets auch die Schwestern und Brüder in der Kirche, ja letztlich alle Menschen, vor denen das Glaubenszeugnis abgelegt wird. Das Bekenntnis in seiner dreifachen Gestalt stärkt den Glauben in der Gemeinschaft und lädt zum Glauben ein; es vereint die vielen Stimmen im Lobpreis und fordert zum Einstimmen auf; es ist Ausdruck der Versöhnungsbereitschaft untereinander, ohne die es keine Versöhnung mit Gott geben kann.

3. Orte des christlichen Bekenntnisses

Von den unterschiedlichen Dimensionen des Bekenntnisses, verstanden von seinem Charakter als Sprechakt und von seinem Inhalt her, kann man auf die unterschiedlichen Orte im christlichen Leben schauen, in denen es anzutreffen ist und von denen her seine Funktion noch besser begreifbar wird.

Das Bekenntnis als Ausdruck des Glaubens, als Bitte um Vergebung und als dankender Lobpreis wird gemeinschaftlich in der christlichen Liturgie vollzogen. Neben der urchristlichen Missionstätigkeit darf sie als Ursprung der ersten Bekenntnisformeln gelten („Jesus ist der Herr“ – „Gott hat ihn von den Toten auferweckt“ u. ä.). Aus ihnen sind in einem längeren Prozess theologischer Reflexion die umfassenden Symbola hervorgegangen. Das formelhafte Glaubensbekenntnis wurde zur Richtschnur in den liturgisch begleiteten katechetischen Prozessen der Initiation und Konversion in die Glaubensgemeinschaft hinein, aber begegnet auch bei der rituellen Ausgestaltung kirchlicher Amtsübertragungen oder wichtiger Kirchenversammlungen. Seit dem Mittelalter ist das nicäno-konstantinopolitanische Glaubensbekenntnis, seit der letzten Liturgiereform auch das Apostolicum im Westen regelmäßiger Bestandteil der eucharistischen Sonn- und Festtagsliturgie geworden, was den doxologischen Charakter der Symbola unterstreicht. Vor allem aber ist die Liturgie der Kirche als ganze Ausdruck ihres Glaubens mit normativer Bedeutung: „Das Gesetz des Betens ist das Gesetz des Glaubens; die Kirche glaubt so, wie sie betet. Die Liturgie ist ein grundlegendes Element der heiligen, lebendigen Überlieferung“ (KKK 1124). Ihre Mitfeier stellt für praktizierende katholische Christen in der Regel die wichtigste Glaubensschule dar und bietet Gelegenheit für das reale Erleben der Kirche als Bekenntnisgemeinschaft. Angesichts der unübersehbaren Individualisierungs- und Pluralisierungstendenzen, die moderne Gesellschaften auch im religiösen Bereich prägen, bedarf es heute mehr denn je der Sammlung der Gemeinde um ihre verbindende Mitte. Nach katholischem Verständnis ist ihr Ort vor allem die sonntägliche Feier der Eucharistie. Wenn die Liturgie, wie das Zweite Vaticanum sagt, „der Höhepunkt [ist], dem das Tun der Kirche zustrebt, und zugleich die Quelle, aus der all ihre Kraft strömt“ (SC 10), ist es absurd, sie gegenüber anderen Formen der christlichen

Praxis abzuwerten. *Diakonia* verliert ohne *leiturgia* ihr christliches Gesicht, *martyria* ihre Motivation. Nur im unverkürzten In- und Miteinander dieser drei Grundvollzüge entfaltet sich christliches Leben im Raum der Kirche zu seiner vollen Gestalt.

Bekenntnis als persönliche Zeugenschaft kam für die Alte Kirche am deutlichsten in Situationen der Bedrängnis zur Erscheinung, die den Ernst- und Testfall des christlichen Glaubens darstellen. Die „Märtyrer und Konfessoren" wurden zu Urtypen christlicher Heiligkeit. In ihnen begegnen uns Menschen, die in unüberbietbarer Weise Christus ähnlich geworden sind, „der vor Pontius Pilatus das gute Bekenntnis abgelegt hat und als Zeuge dafür eingetreten ist" (1 Tim 6,13). Das Rechenschaftgeben vom Glauben in der Bedrängnis, das pathische Glaubenszeugnis, wurde nicht nur mit dem ungebrochenen Wortbekenntnis identifiziert, sondern auch mit dem Festhalten am umfassenden christlichen Lebensideal, das die rechte Anbetung ebenso umfasst wie die Praxis der Nächstenliebe oder die Treue zu religiösen Versprechen. Schon die Alte Kirche wusste, dass dies in Verfolgungssituationen manchmal leichter fällt als im gewöhnlichen Alltag. Darum warnt Cyprian die „Bekenner" nach ihrer Rückkehr in die Gemeinde vor Überheblichkeit (De catholicae ecclesiae unitate, c. 20–21). Als besondere Stärkung aller Christen zum mutigen Bekenntnis angesichts der vielfältigen Herausforderungen des Lebens wurde seit dem Mittelalter das Sakrament der Firmung verstanden. Die Theologen haben zugleich betont, dass die christliche Bekenntnispflicht nicht in einem undifferenzierten oder rigoristischen Sinn gefasst werden darf. Entscheidender Maßstab ist der geistliche Nutzen, die Ausrichtung des eigenen Handelns an der Ehre Gottes und an der Liebe zum Nächsten. Es gibt Situationen, in denen es sogar geboten sein kann, das öffentliche Bekenntnis zu unterlassen, um das eigene Leben nicht leichtfertig in Gefahr zu bringen oder vor Nichtchristen keinen unnötigen Anstoß zu erregen. Auch für kirchliche Amtsträger bleibt es darum eine Frage der abwägenden Klugheit, wie sie in bestimmten Situationen öffentlich für den Glauben einstehen wollen. Dass diesbezügliche Entscheidungen bis heute sehr kontrovers bewertet werden können, hat zuletzt der Verzicht eines katholischen Kardinals auf sein Brustkreuz beim Besuch des Jerusalemer Tempelbergs gemeinsam mit Muslimen gezeigt.

Als Ausweitung des persönlichen Bekenntnisses ist die intellektuelle Verteidigung des christlichen Glaubens vor den Anfragen anzusehen, die von außen an ihn herangetragen werden. Es überrascht nicht, dass einer der frühesten Literaturzweige christlicher Theologie in apologetischen Schriften besteht. Die Ausformulierung und Verteidigung christlicher Bekenntnisaussagen hatte von Beginn an die Identitätssicherung der Glaubensgemeinschaft zum Ziel. Es gibt keinen Grund, sie in unserer Zeit generell unter den Verdacht der Rückwärtsgewandtheit oder Abschottung zu stellen. Die auch rational gefestigte Glaubensidentität der Christen ist Bedingung für jedes andere Handeln aus dem Glauben (einschließlich der „Sozialpastoral"). Nur wer das eigene Bekenntnis mit Überzeugung zu sprechen vermag, ist zudem fähig, ein fremdes Bekenntnis zu würdigen und aus der Begegnung mit ihm zu lernen. Dazu sollte die Theologie auch heutzutage Hilfen bereitstellen.

Mit dem Ende der Verfolgungszeit wandte sich der Blick der Kirche vermehrt nach innen, auf die Absicherung des orthodoxen Glaubens gegenüber abweichenden christlichen Interpretationen, nicht selten unter Inanspruchnahme der Unterstützung politischer Autoritäten. Das Bekenntnis in Form von Symbola und Kanones wurde vor allem auf Kirchenversammlungen formuliert und avancierte nach der Konstantinischen Wende im vierten Jahrhundert zunehmend „zur staatsgesetzlich festgelegten Klammer der Reichs- und Kircheneinheit“[5]. Diese enge Verbindung kirchlicher und staatlicher Ordnung prägte das gesamte Mittelalter und blieb in Europa sogar noch maßgeblich, nachdem die Kircheneinheit im 16. Jahrhundert zerbrochen und das Christentum in verschiedene „Konfessionen“ zerfallen war. Mit der schrittweisen Durchsetzung der modernen Verfassungsstaaten und der Ablösung homogener religiöser Milieus durch pluralistisch geprägte Gesellschaftsstrukturen ist ihre früher selbstverständliche Funktion im Gemeinwesen zweifelhaft geworden. Im weltanschaulich neutralen Staat entscheiden Faktoren wie Mitgliederstärke, Lobbyarbeit oder der akzeptierte Nachweis gesellschaftlicher Nützlichkeit über den Einfluss von Religionsgemeinschaften, nicht primär der theologische Inhalt ihrer Bekenntnisse. Die in den letzten Jahrzehnten verstärkten Wortmeldungen vieler Großkirchen zu konkreten politisch-sozialen Themen sind auch in diesem Kontext zu verstehen. Was davon durch den prophetischen Auftrag der Kirchen gedeckt ist und was ihre Kernbotschaft eher verdunkelt, ist unter Christen, aber auch in der öffentlichen Wahrnehmung umstritten. Die unter reger Beteiligung von Politikern geführte Debatte über einen nachweihnachtlichen Tweet des *Welt*-Chefredakteurs Ulf Poschardt („Wer soll eigentlich noch freiwillig in eine Christmette gehen, wenn er am Ende der Predigt denkt, er hat einen Abend bei den Jusos bzw. der Grünen Jugend verbracht?“) hat dies erst jüngst deutlich werden lassen. Allerdings sind im weltweiten Katholizismus auch andere Trends in Reaktion auf den Wandel gesellschaftlicher und religiöser Bedingungen erkennbar. Vor allem in Lateinamerika haben die massiven Abwanderungsbewegungen von Katholiken ins pentekostale Lager zu einer missionarischen Gegenbewegung geführt, die zahlreiche Elemente des charismatischen Christentums aufgreift. Man kann darin Ansätze zu einer neuartigen Konfessionalisierung des Katholizismus wahrnehmen, die mittlerweile auch in anderen Regionen der Weltkirche spürbar zu werden beginnt. Durch die starke Fokussierung auf individuelle Heilserfahrung und Lebensgestaltung im engen Kontext von Familie und Kleingemeinde steht das charismatische Christentum insgesamt im Ruf politischer Konservativität, erweist sich aber zugleich als „Religion, die perfekt zu Menschen passt, die in sich rapide verändernden Gesellschaften leben“[6]. Persönliches Bekenntnis und die Bereitschaft zum kerygmatischen Zeugnisgeben spielen darin in der Regel eine starke Rolle. Gefahren einer „Pentekostalisierung“ des Katholizismus liegen nicht bloß in einer Geringschätzung der diakonischen Dimension des Christseins und seines universalkirchlichen Bezugs, sondern auch in einem vorwiegend emotionalen Zugang zum Glauben unter Geringschätzung der reflexiven Vergewisserung und im Verlust liturgischer Sensibilität. Hier ist die Theologie zu kritischer Begleitung aufgerufen.

4. Die Vorläufigkeit des Bekenntnisses

Der Vollzug des Bekenntnisses, wie er christliche Existenz in ihrer Zeit- und Ortsbezogenheit prägt, steht insgesamt unter dem Zeichen der Vorläufigkeit und auch der Gebrochenheit. Niemals wird das Glaubenszeugnis des Einzelnen das Bekenntnis der Gesamtkirche in seiner Fülle einholen, niemals wird ein individueller christlicher Lebensentwurf dem Anspruch des Glaubens umfassend gerecht werden. Die geistliche Biographie des Petrus, die in der Spannung zwischen dem wahren Bekenntnis, auf dem die Kirche ruht, und der radikalen Verleugnung steht, in der die Christusgemeinschaft zu zerbrechen scheint, bringt dies paradigmatisch zum Ausdruck. Darum bleibt das Schuldbekenntnis ständiger Begleiter des Glaubensbekenntnisses und ist jeder Christ eingeladen, sein mit Zweifel und Versagen durchsetztes Reden und Handeln immer wieder in das gemeinsame Zeugnis der Kirche aufnehmen, es in ihm erneuern und heilen zu lassen. Die Kirche ist auch im Bekenntnis des Glaubens Gemeinschaft der Stellvertretung.

Aber selbst die pilgernde Kirche als ganze legt ihr Bekenntnis im Bewusstsein eschatologischer Vorläufigkeit ab. Sie weiß, dass ihr Sprechen über Gott nur im Spiegel geschöpflicher Analogien erfolgt, und ersehnt darum die Erfüllung des Glaubens in der unmittelbaren Begegnung mit Gott, in der Schau seines Angesichts. Und sie begreift, dass ihr bekennender Lobpreis so lange unvollkommen bleibt, bis „alle im Himmel, auf der Erde und unter der Erde ihre Knie beugen vor dem Namen Jesu und jeder Mund bekennt: ‚Jesus Christus ist der Herr' – zur Ehre Gottes, des Vaters" (Phil 2,10f.). So enthüllt sich im Ausgriff des Bekenntnisses das Wesen der Kirche als Sakrament der noch nicht vollendeten Königsherrschaft Gottes, als „Zeichen und Werkzeug für die innigste Vereinigung mit Gott wie für die Einheit der ganzen Menschheit" (LG 1).

Anmerkungen

1 *G. Kruip*, Das Programm von Papst Franziskus und die katholische Kirche in Deutschland, in: M. Kirschner/J. Schmiedel (Hrsg.), Martyria. Den Glauben bezeugen in der Welt von heute (Katholische Kirche im Dialog 3), Freiburg i. Br. 2015, 69–100, hier 84.

2 *M. Kirschner*, Gott bezeugen in dieser Zeit – eine Einführung mit fünf Thesen, in: ebd., 7–24, hier 14 und 19.

3 *H. de Lubac*, Credo. Gestalt und Lebendigkeit unseres Glaubensbekenntnisses (Theologia Romanica VI), Einsiedeln 1975, 71f. Vgl. auch die Reflexionen über „Glaube und Glaubensbekenntnis" ebd. 258–286.

4 Vgl. *E. Arens*, Bezeugen und Bekennen. Elementare Handlungen des Glaubens, Düsseldorf 1989, 358–371.

[5] *M. Heckel*, Art. Bekenntnis. VI. Rechtlich, in: RGG[4], Bd. 1, Tübingen 1998, Sp. 1265–1267, hier 1265.

[6] Vgl. *J. E. Thorsen*, Trends in Global Catholicism. The Refractions and Transformations of a World Church, in: S. Hunt (Hrsg.), Handbook of Global Contemporary Christianity. Themes and Developments in Culture, Politics, and Society (Brill Handbooks on Contemporary Religion 10), Leiden / Boston 2015, 29–48, hier 45.

II. Die Begegnung mit dem Glaubenszeugnis des Islam

Glauben Christen und Muslime an denselben Gott?

Felix Körner

Es gibt Fragen, die uns vor ein klärendes Entweder – Oder zu stellen scheinen; in Wirklichkeit aber ziehen sie uns in den Odersumpf. Wer sich dann auf die eine Seite schlägt, kommt nicht weiter. Wer's auf der anderen Seite versucht, bleibt ebenso elend stecken. Einen Mittelweg gibt es nicht; und wer erst gar nicht losziehen will, ist ein Drückeberger. Wie kommt man hier voran? Gründlicher nachdenken und genauer sprechen, das könnte helfen; aber das bedeutet halt: Wo sich Odersumpf auftut, muss man sich ein bisschen mehr Zeit nehmen.

Odersumpf lauert auch im christlich-islamischen Gespräch. Der Islam gehört zu Deutschland: ja, oder nein? Nein; denn die muslimische Geistesgeschichte hat nicht in vergleichbarem Maße zur Entstehung der deutschen Kunst- und Ideenwelt, der Traditionen- und Institutionenkultur der Bundesrepublik beigetragen wie griechisch-lateinische Antike und Christentum; auch jüdische Personen und Präsenzformen haben hier stärker gewirkt als islamische. Also nein? Islam gehört nicht zu Deutschland? Vorsicht Odersumpf! Wer sagt, dass der Islam nicht zu Deutschland gehört, will sich möglicherweise als Schutzherr des Abendlandes hervortun, bedient gewollt oder ungewollt Vorurteile und Ängste, schürt Misstrauen und kann sich unter der sumpfigen Formel noch als jemand verkaufen, der die Historiker auf seiner Seite hat. Was verneint werden soll, nämlich „Der Islam gehört zu Deutschland", muss keine Aussage über die Geistesgeschichte sein und über den Ursprung des säkularen Rechtsstaats. Man kann ja auch „Deutschland“ sagen und damit von den Aufgaben der Gegenwart sprechen: Respekt vor einer anderen Religion, ja Interesse an ihr; Möglichkeiten von Institutionalisierungen und Integration, konstruktive Weltgestaltung miteinander. Ach so? Also Einführung des Mondkalenders, Opferfest als deutscher Feiertag? Nein. Weder die Sonntagsordnung noch die Religionsfreiheit stehen zur Debatte. – „Der Islam gehört zu Deutschland: ja oder nein?“, das ist eben eine Odersumpf-Frage. Besser, man sagt gleich, wovon man genau reden will.

Anderes Beispiel: Es geschieht eine Gewalttat unter dem Ruf „Allāhu akbar“; wir betrauern noch die Opfer, da kommt schon die Frage: Ist das der Islam? Ja oder nein? Wer sagt, „Das ist der Islam“, also: eine solche Gewalttat ist eine typisch islamische Erscheinungsform, lässt die koranischen Regelungen beiseite, die auch im Krieg den Gewaltexzessen Einhalt gebieten (2:192), vergisst die vor der katholischen Reconquista Spaniens ins Osmanische Reich fliehenden und bis heute in Istanbul lebenden Juden, blendet womöglich auch den Missbrauch christlicher Motive in der eigenen Schuldgeschichte aus. Wer sich allerdings auf die andere Seite schlägt und sagt: Nein, das „Allāhu akbar“ über dem Attentat sei nicht der Islam, es ließen sich keine Verbindungen ziehen, liegt natürlich auch falsch. Der Islam hat in seinen Grundtexten und seiner Frühgeschichte Anhaltspunkte, die sich recht einfach zur Rechtfertigung von Gewalt im Namen Gottes nutzen lassen. Wer jeden Zusammenhang leugnen will, enthebt damit faktisch die muslimischen Repräsentanten der Pflicht zur Selbstkritik und der Verantwortung zur – immer neu notwendigen – „Reform der Lehre“. Eine solche hat etwa Ahmad at-Tayyib, Scheich von al-Azhar, Kairo, im Jahr 2015 ausdrücklich gefordert.

Zu lange nämlich habe ein verkehrtes Koranverständnis den Islam intolerant gemacht. Fachleute wissen, dass nicht das traditionelle muslimische Leben, sondern ein sich in der Moderne neu erfindender Islam das größere Gewaltproblem hat. Wer nur behauptet, dass das alles nichts mit dem Islam zu tun hat, scheint kaum zu sehen, welche Verantwortung denen zukommt, die den Islam heute erforschen und unterrichten.

Es gibt noch ein weiteres Stück Odersumpf in der islamisch-christlichen Begegnung; die Frage: „Glauben wir an denselben Gott: ja oder nein?" Darüber müssen wir jetzt reden – und zwar theologisch. Muslime glauben an Allāh, Christen an Gott? Wer das behauptet, bekundet damit vor allem Unwissen. Auch Christen sagen nämlich zu Gott „Allāh", wenn sie arabisch sprechen. „O Lamm Gottes!", das Agnus Dei, lautet in der arabischsprachigen Messe beispielsweise: yā ḫamal Allāh; und die Christen im Libanon, in Syrien und Ägypten etwa deswegen zu Muslimen zu erklären, wäre nur grotesk. „Allāh" heißt „Gott"; nicht im Sinne der „Götter der Römer": Das wären die āliha; im Singular ilāh. Allāh heißt Gott, wenn wir von dem Einen reden. Man kann an das im Englischen großgeschriebene „God" denken. Ganz ähnlich wie Allāh ist ein italienisches Wort für den einen Gott gebildet: Iddio. Mithilfe des Gottesnamens lässt sich hier keine Klarheit schaffen. Wie kommen wir dann weiter?

Bei der Auseinandersetzung mit der Behauptung, dass der Islam nicht zu Deutschland gehöre, half die erst einmal kleinlich klingende Frage, was mit Deutschland gemeint ist. So müssen wir auch bei der Frage, ob wir an denselben Gott glauben, erstaunlich banal ansetzen. Man muss nämlich klären, was mit „glauben" gemeint ist. Heißt „Wir glauben an denselben Gott", dass wir ihn gleich beschreiben? Dann müssen wir in den Blick nehmen, wie Muslime einerseits und Christen andererseits über Gott reden. So lässt sich ja wohl herausfinden, ob wir dasselbe Gottesverständnis haben. Hier überrascht ein Text des päpstlichen Dialogrates in seiner Deutlichkeit. Er erklärt, dass verschiedene Religionen verschiedene Gottesverständnisse haben. Es handelt sich um ein Schreiben, das zwar aus dem Pontifikat Papst Benedikts XVI. stammt, allerdings erst im Jahr nach dessen Rücktritt veröffentlicht wurde (*Dialogue in Truth and Charity*, Rom 2014, 82); aber für Judentum und Christentum gilt das doch wohl nicht? Und: Kann man denn für alle Muslime einerseits, für alle Christen andererseits so klare Profillinien ziehen, dass sich genau zwei Gottesverständnisse erkennen lassen? Es werden doch muslimischerseits je nach Kultur, Generation, Charakter und Lebenserfahrung ebenso viele verschiedene Akzentsetzungen zu hören sein, wie verschiedene Christinnen und Christen unterschiedliche Eigenschaften Gottes nennen würden. Vielleicht lässt sich aber eine Zentraleigenschaft finden.

Häufig versucht man es im islamisch-christlichen Gespräch mit dem Bekenntnis, dass Gott der Barmherzige ist. Das sagen wir allesamt und gleichermaßen. Weil Muslime und Christen von Gott bekennen, dass er der Barmherzige ist, glauben sie an denselben: Mit dieser Antwort dürfen wir uns nicht zufriedengeben. Wir müssen ja weiterfragen: Was heißt es denn, dass er der Barmherzige ist?

Die Historiker könnten uns die ganze Einigkeit wieder vom Tisch fegen, wenn sie einwenden, dass das Koranwort „der Barmherzige", ar-Raḫmān, kein ursprünglich arabisches Wort ist. Um den für arabische Ohren etwas ungewohnten Klang des aus dem Aramäischen übernommenen Wortes nachzuahmen, können wir ar-Raḫmān mit „der Erbarmer" übersetzen. In Inschriften war von einem Gott, der als „Erbarmer" tituliert wurde, schon vor dem Koran die Rede: von dem Wettergott Hadad. Deshalb ist „der Erbarmer“ ein Eigenname ohne Inhaltsbedeutung, so nun historische Kritiker. Sie meinen, dass der Gott zwar so heißt, aber nicht so ist; wie Herr Schwarz rote Haare haben kann. Es könnte auch ein Beschwichtigungsname sein; wie man die griechischen Rachegöttinnen vorsichtshalber gerne mal die „Wohlmeinenden“ nannte: Eumeniden. Aber so leicht lässt sich die koranische Gottesbezeichnung „der Erbarmer“ doch nicht ihres Inhaltes berauben, so leicht auch nicht von den biblischen Zeugnissen wegrücken. Denn ar-Raḫmān ist eine wörtliche Bezugnahme auf die jüdische Tradition, die Gott als ha-Raḫămān tituliert. Außerdem aber beseitigt der Koran jeden Zweifel an der Inhaltlichkeit des Raḫmān-Namens, indem er der Gottesbezeichnung „Erbarmer“ immer wieder das – nun ganz und gar arabische – Wort raḫīm zur Seite stellt, so dass man gut verstehen kann: Gott, „der Erbarmer heißt und auch tatsächlich barmherzig ist“.

Dennoch bleibt die Frage: Was bedeutet es denn nun konkret, dass Gott barmherzig ist? In der sunnitisch-theologischen Tradition geschulte Muslime könnten sich die Nachfrage verbitten. In der bis heute vielbeachteten Schule des al-Ašʿarī heißt es nämlich von den göttlichen Eigenschaften, sie sind Gottes „Festlegung“; festgelegt hat Gott damit aber nicht etwa sein Verhalten! Das wäre das biblische Verständnis. Dem Zeugnis Israels zufolge hat Gott ja seinen Namen kundgetan, um sich zu verpflichten; nämlich um zu versprechen, für die Seinen da zu sein und „treu seinem Namen“ zu handeln. Für Muslime aber kann „Festlegung“, tawqīf, durch Namenskundgabe auch schlicht bedeuten: Gott hat hiermit festgelegt, wie er angesprochen werden soll; eine inhaltliche Selbstverpflichtung wäre dann nicht im Blick.

Muslime können aufgrund des Koran jedoch genauere Auskunft geben. Sie können an das eindrucksvolle Koranwort erinnern: „Euer Herr hat sich zur Barmherzigkeit verpflichtet" (6:54), sie sich, wörtlich übersetzt, selbst „vorgeschrieben"; und Muslime können aufgrund des Koran Gottes Barmherzigkeit auch inhaltlich füllen. Sie können sagen, dass Gott seine Barmherzigkeit erweist in der Versorgung und Rechtleitung, in der Vergebungsbereitschaft sowie in der Vorbildlichkeit. Was ist gemeint? Versorgung heißt, dass Gott uns das gibt, was wir zum physischen Leben brauchen, etwa indem er es regnen und die Pflanzen wachsen lässt. Rechtleitung aber gibt er in seiner Barmherzigkeit, weil er uns nicht nur das zum Erdenleben Erforderliche schenkt, sondern auch zeigt, welches Tun zum paradiesischen Lohn führt. Vergebungsbereit ist Gott in seiner Barmherzigkeit, weil er denjenigen verzeiht, die ihre Sünden bereuen. Aus diesen drei barmherzigen Tätigkeiten Gottes folgt noch etwas Viertes. Die Menschen sollen nämlich dem göttlichen Beispiel folgen und selbst barmherzig sein (Sure 17:24; 48:29).

Würde man das christlich nun genauso sagen? Bedeutet für uns, dass Gott barmherzig ist, dasselbe wie für die Muslime? Man könnte eine biblische Theologie von Gottes Barmherzigkeit mit fünf Charakteristika anlegen. Gottes Barmherzigkeit ist dem Schriftzeugnis zufolge geschichtlich und schenkend, kreativ und einbeziehend sowie riskant. Geschichtlich, das bedeutet, dass sich Gott in einzelnen Handlungen als barmherzig erweist – und dass diese Handlungen typischerweise ein „Plan B" sind, weil Gott damit auf eine Untreue von Menschen eingeht. Schenkend ist Gottes Barmherzigkeit, weil er sie nicht denen zuwendet, die sie verdienen, sondern denen, die sie nötig haben; schenkend ist Gottes Barmherzigkeit aber auch, weil er den Seinen die Barmherzigkeit nicht nur in dem Sinne erweist, dass er barmherzig handelt, sondern sie ihnen auch als deren neue Herzenshaltung weitergibt. Einbeziehend ist die göttliche Barmherzigkeit, weil sie nicht herablassendes Almosenverteilen, sondern emporhebendes Teilnehmenlassen ist: an der Würde der Gotteskinder; teilnehmen können die Menschen aber dann auch in dem Sinne, dass sie nun selbst Beteiligte an der Verwirklichung des göttlichen Plans sind. Kreativ ist seine Barmherzigkeit, indem sie überraschende Wege findet – und indem sie in uns Neues entstehen lässt. Riskant schließlich ist die Barmherzigkeit des biblisch bezeugten Gottes, weil sie die sichere Rechtsordnung in Frage stellen kann – und weil sie das Wagnis jeder echten Liebe ist, die sich nicht aufzwingt und daher ablehnbar ist. Wer nun eine im Vollsinne christliche Theologie der Barmherzigkeit vortragen will, wird die fünf Charakteristika natürlich an der Christusgeschichte entwickeln: Gottes Barmherzigkeit ist geschichtlich, weil der Gottessohn in die Geschichte eingetreten ist, sie ist schenkend, weil Gott sich in der Christusgeschichte selbst ausliefert; einbeziehend, weil wir in Christus die „Sohnschaft" bekommen, also selbst zu Gotteskindern werden, kreativ, weil damit die Neuschöpfung angebrochen ist, aber riskant, weil Jesus missverständlich, anstößig, „Skandal" ist, wie es neutestamentlich ausdrücklich heißt (1 Kor 1,23).

Barmherzigkeitsvorstellungen sind in Islam und Christentum folglich nahe beieinander, aber nicht gleich. An der Rede vom barmherzigen Gott konnten wir also zeigen: Zum Erweis, dass wir an denselben glauben, genügt es nicht, göttliche Eigenschaften zu benennen. Jedes Eigenschaftswort zieht ja die Frage nach sich, was es denn nun genauerhin besagt; so tun sich Unterschiede auf. Im Falle der Barmherzigkeit ist das deutlich.

Im zitierten römischen Schreiben von 2014 hieß es, verschiedene Religionen haben verschiedene Gottesverständnisse. Ein deutlich höherrangiges Dokument hatte allerdings etwas anderes gesagt, und zwar die Kirchenkonstitution des Zweiten Vatikanischen Konzils. Sie hatte 1964 von den Muslimen festgestellt, dass sie „mit uns den einen Gott anbeten“ (*Lumen gentium*, 16). Papst Franziskus bezieht sich in seinem programmatischen Lehrschreiben ausdrücklich auf diese Feststellung (*Evangelii gaudium*, 252). Das ist keine moderne Modeformel. Schon Papst Gregor VII. hatte im Jahr 1067 an einen Muslim geschrieben: „Wir glauben und bekennen den einen Gott, wenn auch auf verschiedene Weise“. Papst Benedikt XVI. hatte das, im Jahr 2006 in Ankara, wörtlich und zustimmend zitiert.

Unterschiedliche Gottesverständnisse – und doch: wir glauben an denselben? Widerspricht sich das nicht? Nun ja, ich denke an meinen eigenen Vater. Er war bei uns zuhause ganz anders als im Büro. Wir kannten ihn viel lustiger, als ihn seine Mitarbeiter dort wahrnahmen; bei uns war er eben Papa, bei ihnen Chef. Aber wir bezogen uns doch auf dieselbe Person. Jetzt beginnen wir, den Unterschied zu verstehen. Wir glauben an denselben Gott – das kann ja nicht nur heißen: Wir haben dieselben Glaubensinhalte und schreiben ihm beide dieselben Eigenschaften zu. Wer sagt, wir glauben an denselben Gott, muss nicht gleich von der Gotteslehre sprechen. An Gott glauben, das kann heißen: sich auf denselben beziehen, vor ihm das eigene Leben verstehen, sich ihm zuwenden.

Aber ist es denn wirklich derselbe? Der Koran ist hier eindeutig. Sure 29 trägt nämlich den Muslimen auf, den Christen und Juden zu sagen: „Unser Gott und euer Gott ist Einer“, also ein und derselbe (Vers 46). Doch lässt sich das überprüfen? Wir können auf jeden Fall sagen, wir beziehen uns auf den Herrn von allem; ihn meinen wir beide, Muslime und Christen. Wenn wir das Wort „glauben“ nicht auf die einzelnen Inhalte unseres Gottesverständnisses beziehen, dann können wir uns einigen. Das erfordert auch gar nicht, dass wir alle Eigenschaftszuschreibungen teilen. Sie können sich entweder deshalb unterscheiden, weil verschiedene Religionen verschiedene Perspektiven sind – dann können sogar beide Aussagen zutreffen, wie Kinder im Vater anderes sehen als Angestellte im Chef, obwohl sie beide mit derselben Person zu tun haben. Die Unterschiedlichkeit der Zuschreibungen kann auch daher rühren, dass jemand irrt; aber selbst dann muss die Bezugnahme nicht scheitern. Denn wenn jemand z.B. von Barak (statt Barack) Obamah (statt Obama), dem 43. (statt 44.) Präsidenten von Amerika (statt der Vereinigten Staaten von Amerika) schreibt, so ist das zwar verkehrt, aber dennoch eine verständliche Bezugnahme auf Michelle Obamas Ehemann.

Muslime und Christen wenden sich beide demselben zu: Dem, von Dem alles kommt und auf Den alles zuläuft. Wer das meint, wenn es heißt, dass wir an denselben Gott glauben, sagt etwas Sinnvolles.

Nun gibt es aber noch die Einschränkung „wenn auch auf verschiedene Weise", das berühmte „licet diverso modo" aus dem Brief Papst Gregors VII., von dem schon die Rede war. Das kann erst einmal eine versöhnliche Bemerkung sein: die Unterschiede sind offenkundig, aber sie betreffen nicht das Wesentliche. Es ist aber mehr. Es ist eine jener differenzierenden Konsensformeln, in denen für die verschiedenen Seiten durchaus auch Verschiedenes mitschwingen darf. Für Christen steckt darin nämlich das ganze Evangelium: Die Schöpfung soll den Schöpfer loben, jedes Geschöpf soll ihn auf seine Weise anerkennen. Wie können das die Menschen tun? Einen Herrn der Welt anerkennen, da sie einsehen, dass es einen geben muss, der Ursprung und Ziel von allem ist? Das genügt vielen Menschen nicht. Sie streben nach mehr als nur danach, vor ihm zu leben. Wir wollen auch darauf vertrauen können, dass er es gut mit uns meint; dass er der Grund unserer Zuversicht ist. Wir wollen auch spüren und wissen dürfen, dass wir in Lebensgemeinschaft mit Gott sind. Diese Lebensgemeinschaft

Gottes, die liebevolle Erkenntnis und vertrauende Anerkennung ist, nennen wir Christen den „Geist“. Er ist uns geschenkt, weil wir von der Osterfreude ergriffen sind. Das heißt, wir sind getroffen von der Auferstehung Jesu. Auferstehung? Jesus hat Gott als seinen himmlischen Vater bezeugt. Das hat ihn ans Kreuz gebracht; aber sein Tod war nicht sein Ende. Der Vater hat die Schüler Jesu überzeugend erfahren lassen, dass ihr Meister jetzt im ganz erfüllten Leben bei ihm ist. Daher dürfen die Menschen wissen, dass Gott tatsächlich Vater ist: der unser Leben und unsere Erfüllung will, so dass wir uns auf ihn verlassen können. Die Osterfreude ist die vollständigste Vorwegnahme der Erfüllung aller Geschichte und ergreift immer wieder Menschen. Sie müssen jetzt nicht mehr in der Angst leben, dass eine großzügige Liebe im Verlust endet. Sie leben vielmehr aus der Vorfreude, in der jetzt schon erlebbaren Gemeinschaft mit Gott, leben in der „Kommunion“, „in Christus“.

Zuwendung zu Gott ist für Christen also nicht etwas, das uns aufgrund bloß logisch-allgemeiner Schlussfolgerungen oder heldenhafter Entscheidungen gelingt. Vielmehr hat er sich uns zuerst zugewandt. So ergriffen, sind wir hineingezogen in die Gemeinschaft mit Gott (vgl. Phil 3,12; Joh 12,32). So erst erkennen wir, wie er wirklich ist, so erst können wir uns ihm wahrhaft zuwenden, in seinem Geist wirken und leben.

Für Muslime hört sich vieles von dem, was ich eben gesagt habe, seltsam an; sie sagen dann oft: Das ist vielleicht Mystik, aber keine Theologie. Für uns aber ist es eine Weise, den Gottesglauben zur Sprache zu bringen. Wir wollen uns beide mit unserem Glauben dem einen Schöpfer und Herrn zuwenden. Wie er ist, ob wir das wissen und verstehen können und wie wir zu dieser Zuwendung kommen: das erklären wir unterschiedlich. Nun aber zu sagen, „Weil wir uns darin unterscheiden, glauben wir nicht an denselben

Gott“, das ist wieder die eine Seite im Odersumpf. „Weil wir beide den meinen, von dem alles kommt und auf den alles zuläuft, deshalb glauben wir an denselben Gott“, das wäre die andere Seite im Odersumpf: wenn wir nämlich damit alle Fragen über Unterschiede in Gotteslehre und Glaubensweg für beantwortet erklären würden. Gerade wer die Unterschiede betonen will, sollte sehen: Im Glauben wollen wir, Muslime und Christen, erst einmal dasselbe tun – uns dem Schöpfer und Richter des Himmels und der Erde zuwenden. Aus dem Blick auf dieses gemeinsame Ziel können wir dann jedoch weiterdiskutieren über die Grundfragen des Glaubens: wie er ist, wie unser Weg zu ihm ist. Man muss nicht immer diskutieren. Aber hier wollten wir ja theologisch reden; und dazu gehört dann schon auch, dass wir die Tür offenhalten für eine weitere Diskussion.

Ich sage es noch einmal ganz knapp. Glauben wir an denselben Gott? Wenn „an denselben Gott glauben“ bedeutet, dass wir uns beide dem zuwenden wollen, von dem alles kommt und auf den alles zuläuft: dann ja. Wie er ist, wie wir ihn kennen können, ob das überhaupt möglich ist und wie unsere Zuwendung geschieht, darüber setzen wir, Muslime und Christen, uns weiter miteinander auseinander. Diese Auseinandersetzung ist gerade deshalb möglich und lohnend, weil wir anerkennen, dass sich unsere Gesprächspartner mit ihrem Glauben demselben zuwenden wollen wie wir.

Im Alltag und in den Abgründen des Lebens

Nuancen des christlichen Zeugnisses

Jozef Niewiadomski

Mit der Anerkennung des Martyriums der „algerischen Märtyrer“ durch Papst Franziskus am 25. Januar 2018 bekam auch das Glaubenszeugnis des Priors von Tibhirine Pater Christian de Chergé ein stärkeres dogmatisches Gewicht. In seinem Testament findet der im christlich-muslimischen Dialog engagierte Trappistenmönch zu einer kaum zu übertreffenden trinitarisch strukturierten Formel der Wertschätzung der Muslime. Sollte er, was er freilich nicht wünscht, zum Opfer eines Terrorattentats werden, so werde mit dem Überschreiten der Grenze des Todes seine „stechendste Neugier zufriedengestellt“: „Nun werde ich, wenn es Gott gefällt, meinen Blick mit dem Gottes, des Vaters, vereinen dürfen, um so mit Ihm seine Kinder aus dem Islam zu betrachten, und zwar so, wie Er sie sieht, ganz erleuchtet von der Herrlichkeit Christi, auch sie Früchte seines Leidens, angetan mit den Gaben des Geistes, dessen tiefverborgene Freude immer die sein wird, die Gemeinschaft zu begründen und die Ähnlichkeit wiederherzustellen, indem er mit all den Unterschieden unter den Menschen spielt.“[1] Das gläubige Vertrauen, von dem die zeugnisstarke Biographie dieses Märtyrers geprägt blieb, war von der Überzeugung getragen, dass in der Verschiedenheit der Religionen ein positiver – weil von Gott selber beabsichtigter – Wert liegt. Benötigt aber eine solche Wertschätzung das dogmatisch ausformulierte christologisch-trinitarische Bekenntnis?

Viele im christlich-islamischen Dialog engagierte Christen sehen diese Notwendigkeit nicht. Gerade um des Dialogs willen rücken sie die von beiden Religionen bejahten Glaubensgehalte derart stark ins Zentrum des christlichen Zeugnisses, dass die starken Differenzen darunter zumindest verblassen. Das Vorgehen entbehrt nicht einer gewissen Plausibilität. Gerade angesichts einer säkularisierten und zunehmend durch Marktmechanismen globalisierten Welt wäre die Gemeinsamkeit im Zeugnis des Glaubens ein hoher Wert. Das gemeinsam bezeugte Vertrauen darauf, dass Gott, der die Menschen erschaffen hat, sie auch in seiner Barmherzigkeit auf den Wegen ihres Lebens begleitet und sie auch auferwecken und im Gericht zur Rechenschaft ziehen wird, stellt dem religiösen Menschen eine nie zu unterschätzende Motivationsquelle ethischen Handelns dar. Die Folgen für die Artikulierung spezifisch christlicher Gehalte sind in dem so angelegten, auf den Konsens ausgerichteten dogmatischen Koordinatensystem klar: Weil im Koran Jesus als wahrer Prophet anerkannt, seine Bedeutung anderen Propheten gegenüber gar hervorgehoben wird, müsste sich die Bemühung um ein zeugnisstarkes Christentum letztendlich auf die Lehre Jesu fokussieren. Und dies nicht zuletzt deswegen, weil der religionspolitische Diskurs der Gegenwart den Beitrag der Religionen zur Lösung ethischer Probleme zu schätzen scheint. Alle Religionen werden ja in unseren Tagen – und dies vor allem wegen des Gespenstes des religiösen Fundamentalismus – permanent mit dem Imperativ konfrontiert, ihre „trennenden dogmatischen Fesseln" abzustreifen und ihr Zeugnis allein auf einen ethischen Kontext zu fokussieren. Die „soteriologischen" Hoffnungen, die gerade eine sich als säkular begreifende Öffentlichkeit im Hinblick auf die Rolle der Religionen hegt, verdichten sich in der Erwartung, dass die „goldene Regel“, die ja in allen Religionen gefunden werden kann, das gesellschaftliche Leben strukturieren möge. Gerade der ethische Zugang – so die Überzeugung all jener, die sich von den „dogmatischen Fesseln“ befreit haben – bietet den Christen eine herausfordernde Möglichkeit für zeugnisstarkes religiöses Leben. Und dies nicht nur wegen der Bergpredigt Jesu. Ein derartiger Zugang zur Frage nach dem religiösen Zeugnis stellt für das Christentum nichts grundsätzlich Neues dar. Die verschiedenen Entwürfe der prophetisch strukturierten Christologien und die ganze Tradition der liberalen Theologie suchten ja auf unterschiedliche Weise, aus der Botschaft Jesu vom Reiche Gottes den Grundgedanken seines Ethos herauszudestillieren und situationsgemäß zu kontextualisieren. Die in diesem Geist erfolgende Positionierung gegenüber dem Islam erlaubt den Christen, zuerst jene Teile ihres Glaubensbekenntnisses zu verdrängen oder gar fallen zu lassen, die aufgrund klarer Urteile im Koran von der ganzen islamischen Tradition als Verfälschung dessen angesehen werden, was Jesus selber verkündet hat. Das Bekenntnis zur Dreifaltigkeit, zur Gottheit Christi und zur Heilstat Jesu am Kreuz, die ja auch von vielen zeitgenössischen Christen, wenn schon nicht direkt bestritten, so zumindest „lauwarm“ akzeptiert werden, stellen dann kein Problem und auch keine interreligiöse Herausforderung dar; das emphatische Vertrauen, dass wir doch alle problemlos an denselben Gott glauben, wäre dadurch gestärkt. An wissenschaftlich untermauerten Rationalisierungen für eine solche Position mangelt es in der Fachdiskussion nicht.

2. Und der „Weg nach unten"?

Solche Rationalisierungen vermögen aber kaum dem biographischen Zeugnis all jener Frauen und Männer gerecht zu werden, die gerade aus dem Glauben, dass der Gekreuzigte der Sohn Gottes war, sich auf seine Nachfolge eingelassen haben. Und dies primär nicht im Kontext einer prophetisch vorgetragenen Lehre, sondern des freiwillig übernommenen Dienstes für Arme und Kranke, für Menschen aller Art, v. a. für jene, die am Rande der Gesellschaft leben. Sie alle verstanden ihr Zeugnis als freiwilliges Betreten eines Weges „nach unten", oft gar als stellvertretende Hingabe ihres Lebens. Genau diesen Weg ist auch der Prior des Klosters in Tibhirine zusammen mit seinen Mitbrüdern gegangen. Ihre Entscheidung, nach dem Kolonialismus das Kloster „Notre-Dame de l'Atlas" mit neuem Leben zu füllen, war weder durch einen falschen Heroismus noch durch einen Geist des Proselytismus motiviert. Inspiriert durch die konziliare Vision von der Kirche als universalem Sakrament des Heils und das kirchliche Vertrauen, dass göttliche Heilsabsicht auch Muslime umfasst, suchten sie tagtäglich nach der überzeugenden Form kirchlicher Sendung in einer muslimischen Gesellschaft. Die Haltung der Wertschätzung und der Bereitschaft, den Anderen in seinem Anderssein zu verstehen, die Selbstverständlichkeit, mit der die Mönche ihre Kompetenzen in den Dienst der muslimischen Dorfbevölkerung stellten und so etwas wie den Alltagsdialog praktizierten, aber auch ihre christliche Liturgie tagtäglich in ihrem Kloster feierten und vor allem die Rationalität ihrer Entscheidung, angesichts der islamistischen Bedrohung des ganzen Ortes – also gerade der muslimischen Bevölkerung – aus Solidarität an Ort und Stelle zu bleiben, können ohne ihren Glauben an die Inkarnation des Gottessohnes, sein Kreuz und seine Auferstehung nicht verstanden werden.

So vielversprechend nämlich der Weg zum zeugnisstarken Christentum, der über den Umweg der modernen Ethisierung der Religion verläuft, zu sein scheint, so trügerisch ist er. Und dies vor allem deswegen, weil er das fundamentale geschichtliche Faktum des menschlichen Versagens letztendlich verdrängt. Zwar sind die Bemühung um ein „Weltethos der Religionen" und die von den meisten – religiös gesinnten, oder aber „bloß humanistisch" eingestellten – Zeitgenossen geteilte Wertschätzung der „goldenen Regel" angesichts der modernen Welt und auch ihrer Abgründe alles andere als banal. Beides beantwortet aber die entscheidende Frage nicht: Was soll man tun, wenn die „goldene Regel" von anderen, unter Umständen gar von den meisten Menschen nicht beachtet wird? Weil die entscheidenden Weichenstellungen, die über Armut, Hunger und den gewaltsamen Tod von Millionen von Menschen entscheiden, meist Ergebnisse von Mechanismen sind?[2] Würde der gerade um der Tugend willen etablierte totalitäre Staat die Lösung der vielen Dilemmata der globalisierten Welt bringen? All die pädagogischen, strafrechtlichen, politischen und therapeutischen Zugänge zur schmerzhaften Erfahrung, dass in der realen Welt nicht bloß einzelne Menschen an ihren guten Vorsätzen zu scheitern drohen, sondern die Ethik selbst immer wieder scheitert, oft gar nur ein bloßer Traum zu sein scheint, machen die Religion keineswegs obsolet. Ganz im Gegenteil: Schon die alltägliche Erfahrung des Versagens, vor allem aber jene gesellschaftspolitischen Zusammenhänge, die man als (globale) „Katastrophe der Ethik" qualifizieren könnte, zwingen uns hier zu einer Neubesinnung auf die dogmatischen Inhalte der Religionen und damit auch auf die Frage nach dem zeugnisstarken Christentum.

Sowohl die christliche als auch die muslimische Tradition geben nämlich durch ihren Glauben an das Gericht Gottes und die Überzeugung von der Möglichkeit der Hölle eine religiöse Antwort auf das Dilemma der „Katastrophe der Ethik". Beide Glaubenssätze können ja die Motivation zum ethischen Verhalten und auch den Willen zur Bekehrung stärken. Wie die Geschichte der christlichen Frömmigkeit allerdings zeigt, haben beide Wahrheiten immer wieder auch zur Haltung der Selbstgerechtigkeit verführt, weil man allzu leicht gerade bei der Unüberschaubarkeit der Situation das Böse bloß bei den Anderem diagnostiziert hat und deswegen auch einzig und allein den Gegner und Feind dem Gericht und der Hölle überantworten konnte. Und dies nicht nur in der Imagination der Glaubenden, sondern auch durch die Vorwegnahme des Gerichtes im Alltag. Selbst die größte Perversion christlicher Tradition, die Kreuzzüge mit ihrem Schlachtruf „Deus lo vult", kann in diesem Zusammenhang gedeutet werden. Diese spirituelle Ambivalenz, die dem Glauben an das Gericht und der Hoffnung auf die Hölle für Andere innewohnt, wird in unserer Gegenwart durch den Islamismus im Allgemeinen und durch islamistische Selbstmordattentäter im Besonderen bis zur Unerträglichkeit gesteigert. Der religiös motivierte Terror zeigt nicht nur die Fragilität all der bisher bewährten menschlichen Strategien des Umgangs mit den „Katastrophen der Ethik", er erschüttert auch die Glaubwürdigkeit einer interreligiös kompatiblen Antwort auf das Versagen in einem bisher nie da gewesenen Ausmaß. Im Großen und Ganzen bewegen sich solche Antworten in den Koordinaten von Lohn und Strafe. Und dies sowohl im Kontext von Diesseits als auch von Jenseits, das von einem Höllenbegriff dominiert wird, der einseitig unter dem Vorzeichen einer bestimmten Ethik und Moral steht. Die Glaubwürdigkeit einer darauf aufbauenden Antwort wird sowohl vor dem Forum der Weltöffentlichkeit als auch im binnenreligiösen Kontext in Frage gestellt. In beiden Zusammenhängen wird auch die bloße Distanzierung und auch Beteuerung, dass die Gewalttaten der Islamisten „nichts“ mit dem Islam zu tun hätten, die Glaubwürdigkeit religiöser Hoffnungen kaum retten. Und warum? Gemäß seiner Glaubensüberzeugung katapultiert sich der islamistisch motivierte „politische Märtyrer“ mit seiner Tat in die Zeit des „Jüngsten Tages“. Er tritt sozusagen in die eschatologische – am Ende der Tage für die ganze Menschheit Wirklichkeit werdende – Vollendung des Paradieses ein, begleitet von jenen Opfern seiner Tat, die als Glaubensgeschwister – sozusagen irrtümlicherweise – mit in den Tod gerissen wurden, und getrennt von all den Feinden, denen schon auf Erden sein Hass galt und die nun unweigerlich in die Hölle kommen. Das Opfer des Selbstmordattentäters sichert also ihm selber, aber auch den Seinigen die selige Ewigkeit. Durch seine Tat perpetuiert er allerdings den Teufelskreis, in dem die faktischen Opfer einer gerade hier und da erfahrbaren „Katastrophe der Ethik“ gefangen bleiben. In ihrem Durst nach Vergeltung und auch Rache an den Bösen werden sie nun – so paradox es klingen mag – in alle Ewigkeit ressentimentgeladen, damit auch unversöhnt bleiben. Unversöhnt waren sie schon hier. Vor allem unversöhnt mit sich selber und nicht bloß mit ihren Feinden, die sie in ihren Phantasien zwar in eine von ihnen selbst abgetrennte Hölle abstürzen lassen, gerade dadurch aber sich einer Erinnerungskultur verschreiben, die sich jeglicher Heilung verweigert. Was vermag angesichts solcher Abgründe die Beschwörung von Pluralismus der Kulturen und Religionen und die Beteuerung eines gemeinsamen ethischen Kerns von Religionen zu leisten? So paradox es klingen mag – gerade die Wertschätzung der „goldenen Regel“ als eines normativen Maßstabs des religiösen Verhaltens in der plural gewordenen globalisierten Welt und die Erfahrung, dass sich Menschen trotz aller politischen Korrektheit an diese Regel nicht halten (können), bringen unsere Überlegungen zurück auf das Gebiet der Dogmatik, und zwar ausgerechnet zu jenen Fragen, die bei der Begegnung mit Muslimen heruntergespielt werden.

4. Kreuz und Abgründe der Gewalt

Gemäß dem zentralen Dogma des Christentums über die Erlösung der Menschheit durch Jesus Christus gibt es nämlich gemäß dem göttlichen Willen auch eine andere Antwort auf das Faktum des Versagens von Menschen und auch auf die immer und immer wieder erfahrbare „Katastrophe der Ethik" als Androhung von Gericht und Hölle. Es besteht nämlich ein direkter Zusammenhang zwischen der Tatsache, dass die Menschen der Gerichtspredigt Jesu, gar seinen Warnungen vor der Hölle kein Ohr schenkten, auch der „goldenen Regel", die er gelehrt hat, nicht gefolgt sind – mehr noch: dass sie den Träger der Botschaft umgebracht haben –, und dem darauf folgenden Handeln Gottes im Kontext des Todes Jesu am Kreuz. Ein zeugnisstarkes Christentum, speziell Muslimen gegenüber, kann deswegen gerade in der gegenwärtigen religionspolitisch so geladenen Welt unmöglich auf die Bezeugung der Wahrheit des Kreuzes und des Glaubens an den Dreifaltigen Gott verzichten. Ein solches Bekenntnis hat mit der Mentalität einer „moralischen Superiorität" nichts zu tun. Dies schon deswegen nicht, um das Zerrbild des Kreuzes, das durch die Kreuzzüge selbst und deren Tradierung in der islamischen Kultur perpetuiert wurde, zu korrigieren. Dann aber auch, um das sowohl durch die koranische Überlieferung, durch die Sprüche Mohammeds, vor allem aber durch die volkstümlichen islamischen Legenden tradierte Bild des Propheten Jesus kritisch herauszufordern. Eine solche Herausforderung steht in einem größeren dogmatischen Kontext: „Der Islam versteht die Worte, die an Mohammad ergangen sind, als endgültige Rezeption und Reinigung jener Offenbarungen, die vorher bereits Abraham, Moses, die Propheten und Jesus erhalten haben. Auch das Christentum sieht in Jesus Christus die endgültige Rezeption der religiösen Erfahrungen Israels und darin die endgültige Offenbarung Gottes. Beide Ansprüche auf Endgültigkeit stehen einander konfliktartig gegenüber. Gerade im Austragen dieses Konfliktes haben sich aber die jeweiligen Offenbarungsverständnisse tiefer zu bewähren. Zunächst kann davon ausgegangen werden, dass beide Ansprüche sich wenigstens teilweise auf eine gemeinsame frühere Geschichte beziehen und insofern, wenn auch auf unterschiedliche Weise, an die Geschichte verwiesen sind."[3] Die gemeinsame Geschichte und nicht zuletzt die gemeinsame Gegenwart rücken v. a. die Erfahrung der (religiös motivierten) Gewalt in den Vordergrund und das dadurch entstandene und auch weiterhin entstehende Ärgernis. Das Austragen des Konfliktes darf die Abgründe, denen beide Seiten in diesem Kontext ausgeliefert waren und sind, nicht tabuisieren.

Gerade die christliche Verkündigung des Dreifaltigen Gottes geschah oft in der Atmosphäre der Angst und auch des Hasses. Die Liste der Beispiele kann fast beliebig verlängert werden. So soll etwa Ivan der Schreckliche bei der Einnahme der Stadt Kazan die dort lebenden Muslime aufgefordert haben, die „gesegnete Dreifaltigkeit von Generation zu Generation zu loben", damit sie dem Schwert entkommen. Und die serbischen Paramilitärs in Bosnien-Herzegowina sollen heute noch eine „Drei-Finger-Begrüßung" praktizieren als Geste der Todesverachtung gegen die Muslime. Deswegen wird auch die Dreifaltigkeit von vielen Muslimen als „das Symbol des unbekannten, aber gewalttätigen Anderen schlechthin [verstanden], das auf den bar-

barischen nördlichen Stränden des Mittelmeeres lauert – die Vorstellung jeglicher Art dämonischer Boshaftigkeit und Grausamkeit."[4] Kann in einer derart von Leidenschaften aufgeladenen Atmosphäre die traditionelle dogmatische Reflexion, die sich um begrifflich saubere Vermittlung der Vorstellung des *Einen Gottes* mit dem Bekenntnis zu den *Drei göttlichen Personen* bemüht und die dem durchschnittlichen Zeitgenossen kaum verständlich ist, das koranische Missverständnis christlicher Gottesvorstellung korrigieren? Das Unternehmen scheint genauso aussichtslos zu sein wie jene Bemühungen seitens muslimischer Prediger und Theologen, die durch Zitationen von friedlich gesinnten Koranversen den Durchschnittschristen zu überzeugen suchen, die islamistischen Selbstmordattentäter hätten mit dem Islam nichts zu tun. Nicht einmal die Beteuerung, dass die Islamisten einem Irrtum erliegen und deswegen dann doch in der Hölle landen werden, scheint in diesem Zusammenhang zu helfen, bringen sich doch diese selber um mit der spiegelbildlich gleich lautenden Überzeugung der Vollstreckung des göttlichen Urteils über die Gottlosen. Und sie besiegeln ihre Logik nicht durch theoretische Überlegungen, sondern durch das Opfer ihres Lebens. Eines Opfers, mittels dessen sie den göttlichen Willen im höchsten Ausmaß erfüllen. So schockierend nun die These für viele Christen zuerst klingen mag, so ernst ist sie zu nehmen: Christliche Theologie, die den Tod Jesu am Kreuz als direkte Folge des göttlichen Willens deutete, und die islamistische Rechtfertigung der tödlichen Gewalt bleiben spiegelbildlich gleich. So paradox es klingt, glauben alle Bekenner solch unterschiedlicher Vorstellungen doch an denselben Gott. Drückt aber eine so konzipierte Kreuzestheologie die wirkliche Wahrheit vom Kreuz aus oder stellt sie den Inbegriff von Projektionen, die wir auch bei den Islamisten zu erblicken gewillt sind, dar?

Nimmt man die Argumentation der neutestamentlichen Schriften ernst, so wird man folgern müssen, dass die letzten Gründe der Verurteilung Jesu im Gottesbild selbst liegen.[5] Das prophetische Engagement Jesu für seinen – in seiner Barmherzigkeit alle Grenzen überschreitenden – Gott forderte nicht nur partielle Konflikte. Die Praxis der Feindesliebe, die Zusage einer bedingungslosen Vergebung der Sünden und die Vision einer Gemeinschaft ohne gewaltsame Ausschlüsse Dritter stellen eine enorme Herausforderung aller interreligiös kompatiblen Antworten auf das Faktum menschlichen Versagens und auch die Erfahrungen der „Katastrophe der Ethik", die sich ja immer im Koordinatensystem von Bekehrung, Lohn und Strafe bewegen, dar; sie fordern im Grunde auch alle Dialog-, Versöhnungs- und Sozialisationsprozesse heraus, die auf Kosten von Dritten stattfinden. Wenn Kajaphas bei der Begründung der Verurteilung Jesu unter Berufung auf den Willen Gottes davon redet, dass es besser sei, wenn ein Mensch stirbt, als wenn viele zugrunde gehen, so zeigt er die letzten Abgründe jener Rationalitäten, die auch das Handeln von Islamisten strukturieren. In einen derartigen hermeneutischen Rahmen hineingestellt, wirft der Tod Jesu die fundamentalste Anfrage auf, die eine christliche Theologie stellen kann: Steckt Gott in seinem Heilswillen mit Kajaphas „unter einer Decke"? Wenn dies der Fall sein sollte, so stellt das jesuanische Gottesbild, sofern es einen radikal gewaltfreien Gott zeigt, doch nur eine gut gemeinte Täuschung dar. Und Jesus muss den Preis für seine Täuschung zahlen. Sein Tod stellt aber auch den universalen Heilswillen Gottes in Frage – in unserem Zusammenhang gedacht: gerade jenen Willen, der auch die Muslime umschließt –, weil dieser gerade von Seiten Gottes nun auf Kosten zumindest dieses einen „ausgeschlossenen Menschen" realisiert wird. Die Konsequenzen einer so gedachten Wahrheit vom Kreuz waren und wären auch weiterhin gerade für das zeugnisstarke Christentum enorm. Kajaphas und Judas und auch die vielen staatlichen und religiösen Amtsträger, die unter Berufung auf den Willen Gottes unzählige Menschen in den Tod schicken oder zumindest ausschließen, erfüllen damit bloß den Willen Gottes. Eines Gottes aber, der letztlich im Teufelskreis der Gewalt gefangen bleibt. Die aufklärerische Kritik der Religion nahm zwar Abschied von gewaltverhafteten Gottesbildern, vermochte aber nicht das diesen Bildern und den theologisch untermauerten politischen und religionspolitischen Strategien zugrunde liegende Dilemma einer adäquaten Reaktion auf menschliches Versagen und die Erfahrungen der „Katastrophe der Ethik" qualitativ anders zu lösen. Sowohl der demokratisch verfasste Konsens als auch der Traum von der Globalisierung leben weiterhin von deutlich sichtbaren, vor allem aber von den versteckten Opfern und Sündenböcken, fördern deswegen gewaltsame Reaktionen, wie sie nicht zuletzt in den islamistischen Selbstmordattentaten zutage treten.

5. Die Wahrheit vom Kreuz im Licht der Liebe des Dreifaltigen Gottes

Die aus unterschiedlichen Quellen gespeiste theologische Revolution in der christlichen Tradition, die in den letzten Jahrzehnten stattgefunden hat, sieht im Tod Jesu nicht nur eine Infragestellung, sondern auch eine Überwindung jener Rationalität, die sich aus dem Teufelskreis der Gewalt speist. Und gerade diese Art von Theologie ist letztendlich nur im trinitätstheologischen Kontext denkbar. Für die gegenwärtige religionspolitisch so geladene Konfliktsituation bedeutet dies also, dass das zeugnisstarke Christentum gerade mit Hilfe des Vertrauens auf den Dreifaltigen Gott und des Zeugnisses von der nun zu präsentierenden Wahrheit des Kreuzes auch jener Atmosphäre von Angst und Hass begegnen möchte, die durch die gewaltversessene Verkündigung christlicher Wahrheit entstanden ist. Das zeugnisstarke Christentum der Gegenwart müsste also konsequent – und dies in Theorie und Praxis – darauf hinweisen, dass Jesus (auch als Prophet) den Teufelskreis der Gewalt durchbrochen habe, weil er auf die gegen ihn gerichtete Gewalt nicht mit Hass und auch nicht mit (einer subtilen, damit auch verborgenen) Gegengewalt reagierte. Er schickte seine Gegner und Feinde, jene also, die sich nicht bekehren ließen, sondern gegen ihn vorgegangen sind, nicht in die Hölle, vielmehr betete er für sie.

Mehr noch: Er entzog sich in seinem Sterben dem mörderischen Willen seiner Peiniger. Dieses Entziehen, das Mohammed aus dem Vertrauen darauf, dass Gott unmöglich diesen Gerechten dem Tod preisgeben könnte, als wunderbare Rettung aus dem Geschick des gewaltsamen Todes verstand, interpretiert das Christentum tiefer. Jesus ist zwar in die Hände seiner Mörder gefallen, zeigte aber gerade *durch die Art seines Sterbens* die radikale Diskrepanz zwischen seinem himmlischen Vater und dem Willen seiner Feinde, deren Handeln er eindeutig als Sünde und Verblendung qualifizierte. Weil sein Gott nicht mit Kajaphas „unter einer Decke“ steckte, deswegen auch den Tod Jesu nicht als Erfüllung seines Willens absegnete, konnte Jesus seinen Geist in die Hände seines himmlischen Vaters übergeben. Der an diesem Punkt deutlich werdende Unterschied zwischen Opfer und Täter und auch zwischen den sich auf Gott berufenden Peinigern und Gott selber ist von zentraler Bedeutung für die Feststellung der radikalen Differenz zwischen dem islamistischen Selbstmordattentäter und Jesus. Der Selbstmordattentäter ist alles in einem: Opfer, Täter und auch Vollstrecker des göttlichen Willens. Alles, was er ist, und auch alles, was er bewirkt, verdankt sich der

Gewalt. Die radikale Haltung Jesu ist aber nur möglich, weil Jesus gerade in Fragen seiner Identität nichts, aber gar nichts der Gewalt, sondern alles Gott selber verdankt. So gesehen wird man auf jeden Fall festhalten müssen, dass Kajaphas, die kreuzigende Meute, aber auch die Islamisten auf der einen Seite und Jesus auf der anderen sicher nicht an denselben Gott glaubten oder glauben.

Die Radikalität des Zeugnisses von Jesus ist für Christen nur annehmbar, weil sie seine Identität klar als die des Gottessohnes begreifen. Bei aller Gefahr eines biologischen Missverständnisses der Begrifflichkeit hält das Christentum daran fest, dass er der himmlische Sohn des gewaltfreien Vaters ist, der ihm auf Erden die Treue hält. Jesus Christus ist also nicht der ethisch vollkommene Mensch, der sich durch seine Tugend in seinen Status hinaufgearbeitet hat, sondern der menschgewordene Gott, der den „Weg nach unten" angetreten hat. Und gerade im Abstieg in diese Welt, gar in die letzten Abgründe menschlicher Gewalt und des Hasses, auch in solche Abgründe, die durch die „Katastrophe der Ethik" entstehen, im Erleben des Opfergeschicks also, erlebte Jesus die Treue Gottes. Deswegen konnte er auch die Abgründe anders überbrücken, als dies die Forderung nach Bekehrung oder die Hoffnung auf Lohn und Angst vor der Strafe tun. Durch seine Hingabe an den Vater und das an diesen Vater gerichtete Gebet: „Vater, vergib ihnen, denn sie wissen nicht, was sie tun" (Lk 23,34), durch seine konsequent bis in den Tod gelebte Feindesliebe also, verwandelte er die Abgründe. Der Vater weckte den Gekreuzigten auf, und dieser erschien nicht mit der Botschaft von der Vergeltung, sondern mit dem Friedensgruß.

Damit ist aber etwas grundsätzlich Neues in die Geschichte der Menschheit gekommen. Der vom Diesseits ins Jenseits projizierten Hoffnung auf Vergeltung, der damit Hand in Hand gehenden Perpetuierung von Ressentiment und Hass, wird die Offenbarung einer qualitativ anderen Antwort auf die Erfahrungen von Versagen und „Katastrophen der Ethik“ und der damit verbundenen Gewalteruptionen entgegengestellt: Versöhnung durch die Grenze des Todes. Nicht umsonst hat bereits altkirchliche Theologie in diesem Zusammenhang von der Entmachtung der Hölle gesprochen und damit auch die Depotenzierung all jener Ängste und Hoffnungen angedeutet, die sich aus den in alle Ewigkeit verlängerten Ressentiments, aus Hass und Vergeltungssüchten ergeben. Nur so kann die menschliche Erfahrung, dass der Hass stärker sein kann als der Tod, durch die göttliche Antwort korrigiert, weil verwandelt werden. Liebe ist stärker als der Tod! Weil Gott der Inbegriff der Liebe ist. Was bedeutet das für die religionspolitisch so geladene Gegenwart?

Nur ein gewaltfreier, also Gewaltopfer ablehnender Gott vermag sich einer durch Opfer strukturierten politischen und auch religiösen Vernunft zu entziehen. Mehr noch: Ein trinitarisch geglaubter Gott vermag den universalen Heilswillen (damit auch den konsequent durchdachten Begriff der einen Menschheit) Wirklichkeit werden zu lassen: nicht durch (gewaltsame) Unterordnung unter den Willen eines Herrschers, sondern durch gelebte Hingabe an Freunde und Gegner, an Menschen guten Willens, gar an die Feinde, mit denen er das Wunder der Versöhnung stiften kann. Eine Versöhnung, die nicht als Allianz von zwei bisherigen Gegnern auf Kosten eines Dritten, der nun ausgeschlossen wird, missverstanden wird. So etwas geschieht tagtäglich – von Christen und Muslimen – in Situationen alltäglicher Nächstenliebe, aber auch – oder gerade – unter den Bedingungen von gewaltsamem Ausschluss und der Opferung Dritter.[6] Die im Sterben Jesu vollzogene Verwandlung seiner Rolle des Opfers *(victima)* in die Haltung der Hingabe *(sacrificium)* und die aus dieser Verwandlung entspringende

Kraft zur Vergebung und Versöhnung – gar durch den Tod hindurch – verdichten den radikalen Weg, auf dem sich dieser universale Heilswille Gottes unter den Bedingungen der real existierenden Menschheit seinen Weg bahnt.

Weil der Prior des Trappistenklosters in Tibhirine Pater Christian de Chergé aus diesem Glauben an den *Dreifaltigen Gott* seine Wertschätzung der Muslime legitimierte, konnte er sein Testament mit dem denkbar glaubensstärksten Zeugnis eines Christen – gerade den Muslimen gegenüber – abschließen. Er dankt Gott für sein Leben, und zwar in der ganzen Konkretheit dieser klösterlichen Existenz in einem muslimisch dominierten Land. Und in diesen Dank schließt er auch alle Freunde und Familienangehörigen ein. „Und auch Du bist eingeschlossen, Freund meines letzten Augenblicks, der Du nicht weißt, was Du tust! Ja, auch für Dich will ich diesen Dank und dieses A-Dieu, das Du beabsichtigt hast. Dass es uns geschenkt sei, uns als glückliche Schächer im Paradies wiederzusehen, wenn es Gott, dem Vater von uns beiden, gefällt. Amen. *Inch'Allah.*" Durch das Opfer seines Lebens bezeugte Pater Christian de Chergé, dass Christen und Muslime doch an denselben Gott glauben (können).

Anmerkungen

1 Zitiert nach: *R. Siebenrock*, Christliches Martyrium. Worum es geht (topos taschenbücher 662), Kevelaer 2009, 96. Das Zeugnis der Mönche von Tibhirine ist dem breiten Publikum durch den vielfach preisgekrönten Film von Xavier Beauvois „Von Menschen und Göttern" aus dem Jahr 2010 bekannt geworden.

2 Für eine theologische und sozialwissenschaftliche Analyse der Moderne in diesem Kontext vgl. *J. Niewiadomski*, Globale Moderne und ihre trügerische Wahrheit, in: Chr. Böttigheimer (Hrsg.), Globalität und Katholizität. Weltkirchlichkeit unter den Bedingungen des 21. Jahrhunderts (Quaestiones disputatae 276), Freiburg i. Br. 2016, 69–102.

3 *R. Schwager*, Kirchliche, politische und theologische Zeitgenossen-

schaft, in: M. Moosbrugger (Hrsg.), Raymund Schwager Gesammelte Schriften 8, Freiburg i. Br. 2017, 212–227, 227: Der 11. September 2001 und die Theologie der Zeichen der Zeit.

[4] So *Abdal-Hakim Murad* in einem 1996 in Oxford gehaltenen Vortrag: The Trinity. A Muslim Perspective (nachzulesen auf: http://www.madrasah.de/leseecke/islam-allgemein/die-dreifaltigkeit-eine-perspektive-aus-muslimischer-sicht [abgerufen am 8.5.2018]).

[5] Den folgenden Ausführungen liegt der Entwurf „Innsbrucker Dramatische Theologie" zugrunde. Vgl. *R. Schwager*, Jesus im Heilsdrama. Entwurf einer biblischen Erlösungslehre, in: J. Niewiadomski (Hrsg.), Raymund Schwager Gesammelte Schriften 4, Freiburg i.Br. 2015, 39–400.

[6] Das radikale Zeugnis der Versöhnung ohne Polarisierung auf Feinde stellt den Christen eine Gabe des Hl. Geistes dar, der allen Menschen die Möglichkeit anbietet, „in einer Gott bekannten Weise diesem österlichen Mysterium zugesellt zu werden" (GS 22).

Mission unter Muslimen?

Eine Positionsbestimmung aus katholischer Sicht

Klaus von Stosch

Ich möchte in diesem Essay zwei Formen von Mission unterscheiden. Zum einen gibt es eine implizite Form von Mission für den eigenen Glauben, die unvermeidbar schon dann gegeben ist, wenn man von diesem Glauben erzählt und nach ihm lebt. Zum anderen kann Mission aber auch die explizite Einladung anderer Menschen zum eigenen Glauben meinen. Ich möchte dafür argumentieren, dass die erste Form von Mission für Katholikinnen und Katholiken beständige und immer zu erfüllende Aufgabe ist – auch gegenüber Muslimen. Die zweite Form von Mission halte ich mindestens im Blick auf Muslime in der Regel nicht für hilfreich. Ich möchte also dafür argumentieren, dass Katholiken Muslime in den allermeisten Fällen nicht zum Eintritt in die katholische Kirche auffordern und dass sie entsprechenden Bemühungen evangelikaler Christen ausdrücklich entgegentreten sollten. Um dieses Argumentationsziel zu erreichen, will ich in drei Schritten vorgehen. Zuerst will ich grundsätzlich begründen, wieso Mission in beiden beschriebenen Verständnisweisen grundsätzlich Aufgabe der Kirche ist und wieso beide Verständnisweisen unter bestimmten Umständen zusammengehören. Im zweiten Schritt will ich dann zeigen, warum diese Umstände im Blick auf Muslime nicht gegeben sind, so dass auf eine explizite Einladung zum christlichen Glauben in der Regel zu verzichten ist. Schließlich will ich in einem dritten Schritt überlegen, in welchen Situationen Ausnahmen von dieser

Regel denkbar sind und wie ein spezielles Katechumenat für Muslime aussehen könnte.

1. Mission als bleibende Aufgabe und notwendiger Wesensvollzug der Kirche

Der christliche Glaube besteht zentral in dem Bekenntnis, dass Gott sich in Jesus Christus in seiner unbedingten Liebe zu seinen Geschöpfen gezeigt hat. Jedes Geschöpf ist unabhängig von seinen Leistungen und Fähigkeiten von Gott geliebt und hat seine eigene Würde. Gott hat sich in seiner Zuwendung zu seinen Geschöpfen zudem als ein Gott erwiesen, der jeden Menschen vollenden und in seine Liebe hinein retten will. In Jesus Christus wird offenbar, dass keine Schuld des Menschen so schwer und kein Abgrund so tief sein kann, dass er nicht von Gott verwandelt zu werden vermag. Zudem wird deutlich, dass das Leiden eines jeden Geschöpfes auch den Schöpfer selbst betrifft und Gott in Jesus Christus seine Solidarität mit seiner geschundenen Schöpfung zeigt und ihr einen Neuanfang schenkt.

Die Kirche hat den Auftrag, die in Jesus Christus spürbar gewordene Zuwendung Gottes zu bezeugen. Sie soll durch ihre eigene Liebe erfahrbar machen, dass Gottes Liebe in alle Dunkelheiten der Welt hineingeht. Die Kirche erweist so ihre Bereitschaft, sich von der Welt beschmutzen zu lassen, um durch die eigene Schwäche hindurch der Welt eine neue Hoffnung zu geben. Glaube, Hoffnung und Liebe der Kirche sollen konkret für alle Menschen erfahrbare Wirklichkeit werden. Auf diese Weise soll einer jeden Person gesagt sein, dass sie unbedingt von Gott geliebt und niemals fallen gelassen wird. Diese Liebe und Treue Gottes kann in ihrer Unbedingtheit nur durch die Kirche bezeugt werden, indem sie ihre eigene Zuwendung nicht an Vor- und Nachbedingungen knüpft. Das bedeutet, dass die Gestalt der

Zuwendung der Kirche nie so sein darf, dass sie ihre Zuwendung etwa in diakonischen Bereichen nur für diejenigen gibt, die Kirchenmitglieder sind oder werden wollen. Deshalb ist es richtig, dass sich die Kirche in Deutschland in allen nur denkbaren sozialen Bereichen engagiert, ohne darauf zu achten, ob ihr Dienst Getaufte oder Ungetaufte erreicht. Zugleich sollte der diakonische Dienst die konkrete Gestalt menschlicher Liebe erfahrbar machen, weil es diese Gestalt ist, an die Gott seine Zuwendung in Jesus Christus bindet. Die Liebe Jesu Christi kann heute nicht anders konkret und verständlich werden als durch die Liebe von Christinnen und Christen, die diese Liebe bezeugen.

Natürlich kann es Liebe ohne Vor- und Nachbedingungen auch ohne explizite Bezugnahme auf Jesus Christus geben. Aber erst durch ihn, mit ihm und in ihm wird Gott als der Grund dieser Liebe offenbar. Denn menschliche Liebe ist niemals stärker als der Tod und findet spätestens an ihm ihre Grenze. Dagegen steht die Auferstehung Jesu Christi für die Hoffnung auf Rettung auch aus dem Tod. Und die Menschwerdung Gottes in ihm steht für die bleibende, unverbrüchliche Zuwendung Gottes gerade in der Gestalt der Schwäche eines Menschen. Durch die Deutung des Zeugnisses der eigenen Lebenshingabe wird diese damit zum Zeugnis für eine Liebe, die stärker ist als der Tod und auch aus dem schlimmsten Leiden zu retten vermag. Das bedeutet nicht, dass die Liebe durch den expliziten Christusbezug stärker wird, sondern nur, dass sie als solche explizit verstehbar wird, so dass die grundlegende Sorge der Menschen, dass Liebe nicht zu tragen vermag und in ihrer Endlichkeit im Letzten absurd ist, überwunden ist. Die grundlegende Sehnsucht des Menschen zu lieben und geliebt zu werden, ist damit erfüllt. Kraft des Heiligen Geistes dürfen wir uns der Liebe in letztem Vertrauen hingeben und können die Bewegung der unbedingten Liebe Gottes mitgehen.

Kraft der Zuwendung Jesu Christi kann dieses Vertrauen konkret in geschichtlicher Weise zugesagt werden.

Angesichts der Not vieler Menschen kann diese göttliche Liebesbereitschaft nicht nur zugesagt werden, sondern sie muss es. Es bleibt Aufgabe und Wesensvollzug der Kirche, Gottes Liebe jedem Menschen erfahrbar zu machen – gerade auch den Schwachen. Das bedeutet in unserer gegenwärtigen Situation beispielsweise, dass Gottes Liebe auch den vielen Flüchtlingen gegenüber zu bezeugen ist, die in den letzten Jahren zu uns gekommen sind – unter ihnen auch viele Muslime. Auch ihnen muss die Kirche konkret helfen, sich in unsere Gesellschaft zu integrieren und eine Existenz bei uns aufzubauen. Auch ihnen gilt es zu zeigen, dass sie unbedingt geliebt sind und dass sie auch da auf die Barmherzigkeit Gottes vertrauen dürfen, wo die menschliche Kraft nichts mehr auszurichten vermag. Für sie gilt es Gerechtigkeit einzufordern und zugleich zu bezeugen, dass die größere Gerechtigkeit Gottes unsere Sehnsüchte noch einmal viel tiefer zu erfüllen vermag, als wir das ahnen und verstehen. Auch Muslimen ist also von Gottes Barmherzigkeit und Gerechtigkeit zu erzählen, auch ihnen gilt die Hoffnungsbotschaft von einem Gott der Liebe, der sein Wort in Jesus Christus jedem Menschen zusagt und ihnen Rettung schenken will. Auch sie sollen mithelfen, das Reich Gottes aufzubauen, das in Jesus Christus angebrochen ist. Bedeutet das, dass die Kirche sie auch explizit dazu auffordern sollte, sich taufen zu lassen, um Mitglied der katholischen Kirche zu werden?

2. Grenzen der expliziten Mission unter Muslimen

Die unbedingte Zusage Gottes in Jesus Christus ist immer verknüpft mit einem unbedingten Anspruch, der Menschen in Dienst nehmen will, diesen Anspruch auch für andere erfahrbare Wirklichkeit werden zu lassen. Gott würdigt uns Menschen dazu, dass seine Liebe zu seinen Geschöpfen durch uns erfahrbare Wirklichkeit wird. Gott will auch durch die Kirche – insbesondere durch das Amt in ihr – Menschen berufen und in den Dienst für das Reich Gottes stellen. Das kann bedeuten, dass diese Menschen getauft werden und in der Kirche und als Glied dieser Kirche am Reich Gottes bauen und die unbedingte, allen Menschen geltende Menschenfreundlichkeit Gottes bezeugen.

Schon die bleibende und unwiderrufliche Erwählung Israels macht aber deutlich, dass die Menschenfreundlichkeit, Gerechtigkeit und Barmherzigkeit Gottes auch ohne explizite Bezugnahme auf Jesus von Nazaret bezeugt werden kann. Auch Israel bezeugt den Gott Jesu Christi und auch das Alte und Erste Testament spricht von der unbedingte Treue und Liebe Gottes. Paulus führt diese Tatsache zu der Einsicht, dass die bleibende Erwählung Israels zu respektieren ist (Röm 9–11) und auch die katholische Kirche hat diese Erwählung als bleibende anerkannt. Auch Israel ist damit in den Dienst einbezogen, von der Liebe Gottes Zeugnis zu geben, die in Jesus Christus Gestalt findet. Auch Israel bleibt damit aus katholischer Sicht auf Christus ausgerichtet. Allerdings spricht Paulus von Christus in diesem Kontext in alttestamentlichen Hoffnungsbildern (Röm 11,26), so dass man seine Intervention so verstehen kann, dass es zwar einerseits Jesus Christus ist, den auch Juden eschatologisch als ihren Retter erkennen werden. Andererseits bleiben aber die unabgegoltenen Hoffnungen Israels in Geltung, so dass sie in ihrer ursprünglichen Form artikuliert werden. Viele dieser Hoffnungen – etwa die nach einer konkreten gesellschaftlichen Sichtbarkeit von Erlösung – sind bleibend virulent und fordern auch das Zeugnis der Kirche heraus. Ich verstehe das so, dass die Begegnung mit Jesus Christus am Ende der Tage nicht so sein wird, dass Christen triumphierend in ihrem Glauben bestätigt werden, sondern dass Juden wie Christen gleichermaßen von der Wirklichkeit Jesu Christi überrascht sein werden. Beide werden in gleicher Weise Seiten in ihm erkennen, die ihrer eigenen Hoffnungsgestalt entsprechen (und ihnen damit Recht geben), und andere Seiten, die ihre eigene Hoffnungsgestalt in ungeahnter Weise überbieten (und damit das bleibende Recht des Zeugnisses der je anderen Religion aufzeigen).

Eine solche Deutung erlaubt es, das Thema Judenmission mit äußerster Vorsicht anzugehen. Denn Israel hat aus dieser Sicht eine bleibende heilsgeschichtliche Rolle, die durch die Kirche nicht obsolet geworden ist. Sie hat uns Christen an vieles zu erinnern, was wir in unserer Begeisterung für Jesus Christus vergessen könnten. Auch wenn Jesus Christus selbst die vollgültige, nicht ergänzungsbedürftige Gestalt der Zuwendung Gottes ist, ist das Zeugnis der Kirche von ihm vorläufig und an vielen Stellen defizitär. Israel ist offenkundig dazu erwählt, auch nach Jesus Christus von der Treue Gottes und seinem Bund mit Israel und allen Menschen Zeugnis zu geben. Obgleich die Kirche bleibende Fragen an Israel hat, muss sie auch bleibend von Israel lernen. Der Messias, den manche Juden auch heute noch erwarten, ist eben so stark verschieden von der Gestalt Jesu Christi, die die Kirche predigt, dass die Kirche auch von jüdischen Messiashoffnungen Entscheidendes zu lernen hat. Aber auch viele andere Seiten jüdischen Lebens stellen eine bleibende Herausforderung der Kirche dar, von der sie lernen kann. Von daher gibt es gute theologische Gründe dafür, bei der Mission von Juden zurückhaltend zu sein. Denn der Kirche muss daran gelegen sein, dass die Juden in ihrer Treue zum Bund Gottes ein bleibendes Zeugnis für den Gott Jesu Christi geben, der auch ihr eigenes Christusverständnis weitet und herausfordert.

Sind sich an dieser Stelle noch die meisten Theologinnen und Theologen der katholischen Kirche einig, ist es umstritten, ob eine solche Sicht auch auf den Islam übertragbar ist. Denn während die besondere Wertschätzung des Judentums durch die Kirche aufgrund des gemeinsamen Testaments und des Judeseins Jesu unaufgebbar ist und zumindest nach der Schoa auch die gebotene lehramtliche Würdigung erfahren hat, ist die Haltung der Kirche zum Islam offen. Einerseits stellt sich der Koran ganz offensichtlich in biblische Tradition und wartet mit einer überraschend deutlichen Hochachtung gegenüber Jesus Christus auf, die weit über das hinausgeht, was aus jüdischen Quellen zu hören ist. So erkennt der Koran Jesus nicht nur als Prophet und Gesandten, sondern auch als Wort und Geist Gottes an und bezeichnet ihn immer wieder als Messias. Auch von Christen spricht der Koran immer wieder mit großer Hochachtung und greift eine große Fülle biblischer Motive auf.

Andererseits gibt es auch deutliche Absetzbewegungen des Korans von Judentum und Christentum. Biblische Stoffe werden kreativ umgedeutet und die biblisch bezeugte Heilsgeschichte wird weiterentwickelt. Jesus Christus wird nicht als Sohn Gottes anerkannt und er wird – bei aller Wertschätzung seiner Einzigartigkeit – tendenziell in die koranische Prophetologie eingeordnet. Der Kreuzestod Jesu spielt für den Koran keine Rolle und wird nach traditionellen Deutungen sogar zurückgewiesen. Auch andere Charakteristika des kirchlichen Christuszeugnisses finden im Koran und der ihm folgenden Tradition keine Wertschätzung.

Es ist unklar, wie dieses zwiespältige Bild zu werten ist. Schreibt sich der Koran in die biblische Geschichte ein und bietet er ein Zeugnis der Fremdprophetie von Jesus Christus, das Christen bleibend etwas zu sagen hat? Ich habe versucht, in meinem Buch zum Islam und einem von mir mitverfassten Buch über Jesus im Koran diese Position als Möglichkeit stark zu machen.[1] Angesichts des biblischen Glaubens an die Geschichtsmacht Gottes ist es ausgesprochen naheliegend, in diese Richtung zu denken, wenn man das Aufkommen des Islams nicht auf dämonische Kräfte zurückführen will. Und eine solche Zurückführung scheint mir angesichts des glaubwürdigen, friedlichen und menschenfreundlichen Lebenszeugnisses der überwiegenden Mehrheit der Muslime wenig plausibel. Zudem ist es so, dass der Koran bei genauer historischer Einordnung an keiner Stelle direkt dem widerspricht, was die katholische Kirche für bleibend verbindlich hält. Von daher ist es mindestens ebenso gut denkbar, dass ein Muslim in seinem Muslimsein eine bleibende Bereicherung für die Kirche darstellt wie das für einen Juden in seinem Judesein gilt.

Allerdings ist es im Blick auf den Islam nicht Teil der Lehre der Kirche, dass es eine solche bleibende positive Wechselwirkung zwischen Islam und Christentum geben kann. Während ihr die bleibende Wertschätzung Israels dauerhaft aufgegeben ist, ist das Verhältnis zum Islam erst einmal offen und kann je neu fortbestimmt werden. Angesichts der Tatsache, dass sich im Islam gerade in Europa derzeit die Stimmen mehren, die die intertextuellen Bezüge zwischen Koran und Bibel neu würdigen und zu einer größeren Wertschätzung der monotheistischen Schwesterreligionen aufrufen, scheint es mir dennoch angemessen zu sein, auf diese neue Gesprächsbereitschaft mit vertrauensbildenden Maßnahmen zu reagieren. Muslimische Theologinnen und Theologen denken derzeit ernsthaft darüber nach, ob sie nicht die klassische hierarchische Verhältnisbestimmung zu Judentum und Christentum aufgeben können und einen bleibenden, auch durch den Koran unabgegoltenen Wert der Bibel anerkennen können. Ein wenig erinnert mich die gegenwärtige Gesprächssituation der

Muslime in Deutschland an den Neuaufbruch, den die katholische Kirche in ihrem Verhältnis zu Israel nach der Schoa geleistet hat. Es ist bleibend Anlass zur Scham der Kirche, dass es erst die versuchte Auslöschung jüdischen Lebens durch die Nazis war, die Christen dazu gebracht hat, ohne Wenn und Aber den bleibenden Wert Israels für das Christentum anzuerkennen. Angesichts dieses beschämenden Erbes sollten Christen äußerst sensibel und freundlich darauf reagieren, wenn Muslime den Koran so neu deuten wollen, dass sie aus ihm eine bleibende Wertschätzung von Juden und Christen auf Augenhöhe ableiten. Es ist völlig klar, dass damit die muslimische Tradition neu gelesen wird und vertraute Positionen verändert werden müssen. Es ist auch klar, dass die Praxis des Mordens im Namen des Islams einen wichtigen politischen Grund für diese hermeneutische Neuorientierung spielt. Aber all das sollte die Kirche nicht gegen die entsprechenden Neuaufbrüche wenden, sondern in Erinnerung ihrer eigenen Geschichte nach Kräften fördern und versöhnungsbereit auf Muslime zugehen, die das Verhältnis zu Judentum und Christentum geschwisterlich neu denken wollen.

Ich fände es traurig, wenn die Kirche auf die Schwäche des Islams gerade im Westen reagiert, indem sie ihren eigenen Vorteil sucht und möglichst viele zum Kircheneintritt zu bewegen sucht, statt ein neues Miteinander der Religionen vorzuleben. Auf diese Weise verschenkt sie die historische Chance eines gemeinsamen Bauens am Reich Gottes der größten Religionen der Menschheit und verbraucht sich in einer agonalen Logik, die nicht zum Erfolg führen kann. Denn auch wenn manche Evangelikale weiter von der Weltmission träumen, sollte jede einigermaßen nüchterne Betrachterin der Weltgeschichte einsehen, dass weder das Christentum den Islam noch der Islam das Christentum als Religion ablösen wird. Vergegenwärtigt man sich die Situation in Europa, so wird zudem deutlich, dass die eigentliche Herausforderung der Kirche nicht etwa der Islam darstellt, sondern die zunehmende Zahl an Menschen, die der Kirche den Rücken zukehren und die jede Hoffnung einer bleibenden Rettung bei Gott verloren haben.

Immer mehr Menschen vertrauen nicht mehr einem geschichtsmächtigen Gott, der die Welt zu seiner größeren Gerechtigkeit verwandelt und den Menschen in bedingungsloser Liebe zugewandt ist. An dieser Stelle sollten wir Muslime als Bündnispartner entdecken, die einen Weg selbstloser Frömmigkeit und tätiger Nächstenliebe vorleben, der uns viel geben kann. Bedenkt man, wie stark gerade der agonale und oft auch gewalttätige Konkurrenzkampf der Religionen dazu beiträgt, dass Menschen das Vertrauen in die Religionen insgesamt verlieren, wird deutlich, wie sehr Muslime und Christen zumindest im Westen in einer Schicksalsgemeinschaft sind. Nur wenn es ihnen gelingt, gemeinsam mit Juden eine neue Kultur des Miteinanders zu entwickeln, in der Juden, Christen und Muslime sich in ihrer wechselseitigen Verschiedenheit respektieren und wertschätzen, werden wir die große Mehrheit der europäischen Gesellschaften wieder für den Glauben an Gott gewinnen können.

Dieser Glaube ist natürlich kein Selbstzweck. Deshalb muss er genauso wie der wechselseitige Respekt der Religionen faktisch seine Orientierung finden in der Menschenfreundlichkeit Gottes, die nach christlichem Zeugnis in Jesus Christus Wirklichkeit geworden ist. D. h. die erste, implizite Dimension von Mission bleibt ohne Wenn und Aber bestehen. Nur durch sie ist der Glaube an Gott ja auch etwas, das positiv auf die Sehnsüchte der Menschen reagiert und ihnen tiefere und größere Lebensmöglichkeiten bietet. Dagegen kann die explizite Einladung zur Konversion an Juden und Muslime in der gegenwärtigen Situation dazu führen, dass der Glaube an die Menschenfreundlichkeit Gottes verdunkelt wird und die geschichtliche Erfahrbarkeit der Zuwendung seiner Liebe, für die die Kirche eintreten soll, gerade konterkariert wird. Das heißt nicht, dass es nicht in Einzelfällen möglich ist, dass Juden oder Muslime durch Gottes Willen Teil der Kirche werden – so wie es auch möglich ist, dass Christen durch Gott zum Islam oder Judentum eingeladen werden. Mich hat sehr beeindruckt, wie ein mit mir befreundeter muslimischer Theologe, der als junger Mann vom katholischen Glauben zum Islam konvertiert ist, bezeugt hat, dass er die Kirche noch nie so geliebt hat wie jetzt. Er ist für mich ein Beispiel eines erlösten Konvertiten, der seine neue Heimat nicht auf Kosten seiner alten gewonnen hat, sondern für eine versöhnte Integration beider Seiten steht. Seine Liebe zu Jesus Christus und zur Kirche zeigt sich in der Art, wie er durch seine Theologie Brücken zwischen beiden Religionen baut. Er hat keine multiple religiöse Identität, aber in dem muslimischen Land, in dem er lebt und lehrt, tut er unendlich viel für die Anerkennung des Christentums und der Kirche, so dass er wirksamer als alle expliziten Missionsbemühungen für Christus und seine Kirche Partei ergreift. Solche Menschen sollten wir derzeit fördern und entsprechend auch bei der Eingliederung von Muslimen in die Kirche besondere Sorgfalt walten lassen, die helfen kann, diese Menschen zu Brückenbauern zwischen den Religionen zu entwickeln. D. h. das primäre Ziel von Mission im Blick auf den Islam sollte nicht sein, Muslime zum Eintritt in die Kirche zu bewegen, sondern sie zu ermutigen, das Verhältnis des Islams zur Welt und zum Christentum zu verändern. Aus katholischer Sicht könnte man sogar die Möglichkeit in Betracht ziehen, dass man auch dann Muslim bleiben kann, wenn man sich der Kirche anschließt. Ganz offenkundig gibt es zwischen Islam und Christentum zerfaserte Ränder und Überlappungen, die es möglich machen, auf beiden Seiten aus der Orthodoxie heraus eine Kultur der Wertschätzung zu etablieren, die Verschiedenheiten anerkennt, ohne sie zu essentialisieren.

3. Möglichkeiten eines speziellen Katechumenats für Muslime?

Sollte es stimmen, dass es eine (auch muslimisch legitime) Lesart des Korans gibt, die – bei aller bleibenden Verschiedenheit zwischen Islam und Christentum – der Lehre der katholischen Kirche an keiner Stelle widerspricht und auch im Laufe der Geschichte ein versöhntes Miteinander von Muslimen, Christen und Juden als möglich erscheinen lässt, ergibt sich daraus auch eine Neubestimmung des kirchlichen Umgangs mit muslimischen Taufbewerbern und Taufbewerberinnen. Diese wären nicht einfach unterschiedslos zur Konversion zu ermutigen, sondern auf die Möglichkeiten einer inneren Modernisierung und Humanisierung des Islams hinzuweisen. Die Kirche könnte sich bemühen, ihnen Brücken zu einer neuen Wertschätzung des Islams zu bauen, die es ihnen erlaubt, das eigene Erbe und einen Teil der eigenen Biographie wieder positiv anzusehen. Ziel wäre dabei nicht, sie von ihrer Konversion abzuhalten, sondern mit ihnen gemeinsam ernsthaft zu prüfen, ob ihre neu gefundene Liebe zu Jesus Christus und zur Kirche ihrem alten Glauben widersprechen muss. Möglicherweise könnten sie ermutigt werden, etwas von ihrer muslimischen Identität in die Kirche mitzubringen und so die Katholizität der Kirche zu stärken. Denn so wie es möglich ist bzw. zumindest im Anfang der Kirche möglich war, der Tora zu folgen und gleichzeitig Jesus als den Christus zu bekennen, scheint es mir auch denkbar zu sein, die Säulen des Islams zu praktizieren und gleichzeitig in Jesus Christus das Mensch gewordene Wort Gottes zu sehen. Sollte eine solche

Prüfung dann dazu führen, dass einzelne Taufwillige davon abgehalten werden, sich der sichtbaren Einheit mit Jesus Christus in der Kirche zu verweigern, wäre das dann nicht weiter schlimm, wenn es ihnen gelingt, ihre Christusbeziehung auch als Muslime zu kultivieren – etwa indem sie die Kirche als Leib Christi erkennen und ihr gegenüber zu Respekt und Würdigung finden. Denn wichtiger als die Gewinnung möglichst vieler Menschen für den Eintritt in die Kirche hier und jetzt ist ja die Arbeit am Reich Gottes, die durch die Kirche sichtbar und wirksam bezeugt wird. Mit sich selbst und mit der Kirche versöhnte Muslime können hier viel wirkungsvoller für den Gott Jesu Christi Partei ergreifen und seine Königsherrschaft in der Welt vorbereiten als Neubekehrte, die ihren neuen Glauben noch gar nicht ganz erfasst haben und ihren alten Glauben in ein Zerrbild verkehren, um sich möglichst von der eigenen Vergangenheit distanzieren zu können.

Blicken wir noch einmal auf die beiden Missionsverständnisse zurück, die ich eingangs definiert habe, würde ich also folgendermaßen argumentieren. Die Kirche darf nicht aufgeben, zu allen Zeiten und allen Menschen gegenüber von dem Gott Zeugnis zu geben, der sich in Jesus Christus als für alle Geschöpfe entschiedene Liebe erweist. Sie muss also in einem genau bestimmten impliziten Sinn Mission treiben und am Reich Gottes bauen. Zugleich sollte die Kirche äußerst zurückhaltend damit sein, im zweiten Sinne von Mission Muslime zur Konversion einzuladen. Denn es könnte durchaus sein, dass Muslimsein und die Mitgliedschaft in der katholischen Kirche sich aus Gottes Perspektive gar nicht widersprechen. So wie der Koran sich über Jesus und seine Apostel als Muslime freut, könnte es auch umgekehrt so ein, dass ein Muslim sich taufen lässt und sichtbar in die Kirche eintritt, ohne den Islam aufzugeben. Historisch gesehen mag es unwahrscheinlich sein, dass ein solcher Fall Schule macht. Aber allein seine Denkmöglichkeit macht deutlich, dass es eschatologisch nicht nur die Möglichkeit gibt, dass sich ein Glaube als wahr erweist und die anderen als irreführend. Vielmehr ist es auch möglich, dass verschiedene Glaubensformen sich komplementär verbinden lassen und bleibend aufeinander verwiesen sind. Von daher könnte die eschatologische Begegnung mit Jesus Christus eben auch eine Begegnung mit dem jüdischen Messias sein, so dass sie eine stärkere politische Dimension hat, als Christinnen und Christen das in der Regel erwarten. Hat man diese Möglichkeit einmal ins Auge gefasst, erscheint es vielleicht auch als denkbar, die Wiederkunft Jesu Christi mit dem Kommen des Mahdi zusammenzudenken und auch hier durch die Menschwerdung Gottes unabgegoltene Vollendungshoffnungen aus muslimischer Tradition ernst zu nehmen. Wie soll doch Alvin Plantinga so schön bei einer Begegnung mit schiitischen Theologen im Iran gesagt haben: „Wenn Jesus Christus wiederkommt und dann der Mahdi vorbeikommt und bei der Herstellung umfassender Gerechtigkeit mithelfen will, wüsste ich keinen Grund, warum Jesus das ablehnen sollte."

Bei aller Sympathie für die sich hier abzeichnende Offenheit will ich zum Abschluss daran erinnern, dass es noch viele ungelöste Gegensätze zwischen islamischen und christlichen Theologien gibt. Von daher kommt es weiterhin darauf an, auch Gegensätze und Unterschiede auszuhalten und nach Möglichkeiten der Würdigung von Differenz auch da zu suchen, wo sie zunächst wehtut und noch nicht in eine versöhnte Verschiedenheit übersetzt werden kann. Die hier beschriebene Vision einer wechselseitigen Anerkennung beider Religionen soll erst einmal nur als Denkmöglichkeit aufgezeigt werden und dispensiert nicht von der Aufgabe, erst einmal mit den bestehenden, oft auch verstörenden Differenzen umzugehen.

Anmerkungen

[1] Vgl. *K. v. Stosch*, Herausforderung Islam. Christliche Annäherungen, Paderborn [2]2017; *M. Khorchide/K. v. Stosch*, Der andere Prophet. Jesus im Koran, Freiburg i. Br. 2018. Alle Argumente meines Beitrags hier gründen auf den Einsichten dieser beiden Bücher.

Wie soll „christliches Glaubenszeugnis" gegenüber Muslimen heute aussehen?

Christian W. Troll

1. Zur Formulierung des Themas

Die Formulierung „christliches Glaubenszeugnis gegenüber Muslimen in Deutschland" spricht ein weites Feld von Fragen an. Eine dieser Fragen ist: Gehört es auch in unseren Tagen zum „christlichen Glaubenszeugnis", die neutestamentliche Aufforderung, die Frohe Botschaft explizit zu verkünden und im Namen des dreieinigen Gottes zu taufen, auch gegenüber Muslimen durch Verkündigung und Einladung zum Empfang der Taufe effektiv umzusetzen? Oder sollten wir guten Gewissens auf eine solche Einladung verzichten, da die Kirche ja heutzutage durch intensive, auf den verschiedensten Ebenen geführte Dialoge mit den Muslimen und durch Zusammenarbeit mit ihnen wo immer möglich, diesem Auftrag in neuer Weise gerecht wird?

Selbstverständlich vollzieht sich „christliches Glaubenszeugnis" in sehr unterschiedlichen Weisen. In jeglichem Handeln und Sprechen, das Christen in der Nachfolge Jesu Christi vollziehen, bezeugen sie ihren Glauben. Dies geschieht in der alltäglichen Begegnung in Nachbarschaft und Beruf, in den verschiedensten diakonischen, karitativen Diensten, in der Bildungsarbeit, in politischem Tun und in öffentlicher Rede und Stellungnahme.

In diesem Beitrag jedoch soll nur von dem einen, spezifischen Auftrag katholischer Christen die Rede sein: suchende Muslime explizit dazu einzuladen, sich über den katholischen Glauben zu informieren, und sie gegebenenfalls auch zur Annahme des katholischen Glaubens einzuladen. Er möchte angesichts einer, wie mir scheinen will, weitgehenden Vernachlässigung dieses Auftrags aufzeigen, wie und unter welchen Bedingungen aus katholisch-christlicher Sicht dieser Auftrag heute wahrzunehmen ist.

Vor vorneherein sei betont: Die Frage nach der Einladung zum katholischen Glauben und zur Mitgliedschaft in der Kirche durch den Empfang der Taufe unterscheidet sich grundlegend von der Frage nach der Erlösung und dem ewigen Heil der Nichtgetauften und damit auch der Anhänger nichtchristlicher Religionen. Zur Frage nach der Möglichkeit für Nichtchristen, das ewige Heil zu erlangen, hat das Zweite Vatikanische Konzil unmissverständlich gesprochen. In der Dogmatischen Konstitution über die Kirche *Lumen gentium* 16 (vgl. dazu auch die Pastoralkonstitution Die Kirche in der Welt von heute *Gaudium et spes* 22) heißt es: „Wer nämlich das Evangelium Christi und seine Kirche ohne Schuld nicht kennt, Gott aber aus ehrlichem Herzen sucht, seinem im Anruf des Gewissens erkannten Willen unter dem Einfluss der Gnade in der Tat zu erfüllen trachtet, kann das ewige Heil erlangen."

Wir laden nicht deshalb zum christlichen Glauben und zum Empfang der Taufe ein, weil wir der Überzeugung wären, ungetaufte Menschen erlangten das ewige Heil nicht. Es geht vielmehr darum, im Auftrag Jesu Christi möglichst viele Menschen schon in diesem Leben mit Jesus Christus als ihrem Herrn und Erlöser bekannt und vertraut zu machen. Natürlich nimmt in unserer medial vernetzten Welt die Zahl der Menschen rapide ab, die nie etwas über Jesus von Nazareth gehört haben und die nicht wissen, dass Christen diesen Jesus für den Sohn Gottes halten. Hier aber geht es darum, dass möglichst viele Menschen schon in diesem Leben die Freude und Klarheit erfahren, die das Leben in der Nachfolge Jesu als Mitglied der Gemeinde seiner Gläubigen, der Kirche, schenkt. Dass Gott seine unendliche Liebe in Weisen, die uns weithin unbekannt sind, jedem Menschen anbietet, ist das eine, das andere ist die Berufung dazu, schon in diesem Leben Jesus als Sohn Gottes kennenzulernen, der sich zur Erlösung aller Menschen von Sünde und Tod gewaltlos am Kreuz hingegeben hat. In einem Gebet des römischen Messbuchs betet die Kirche denn auch: „Lass uns schon in diesem Leben die Seligkeit verkosten, die aus diesem Namen kommt."

Allerdings ist in diesem Zusammenhang ein Punkt von kapitaler Bedeutung: Persönliche Wahlfreiheit stellt eine wesentliche Voraussetzung für den christlichen Glauben und für ein Leben in der Nachfolge Jesu dar. Deshalb gilt es, den spezifischen gesellschaftlich-politischen Rahmen zu bedenken und zu berücksichtigen, in dem wir auch an die Muslime die explizite Einladung richten, Jesus Christus, sein Leben und seine Botschaft gründlich kennenzulernen. Wir sprechen hier konkret von Ländern und Regionen der Erde, die sich einer rechtsstaatlichen Ordnung erfreuen, der die Menschenrechte und darunter besonders das Recht auf die freie Ausübung der Religion zugrunde liegen. In Gesellschaften und Ländern, die einer freiheitlichen Ordnung entbehren, wird der Auftrag zur expliziten Einladung zum Glauben mit dem Auftrag der Kirche abzuwägen sein, als Instrument des Friedens und der Gerechtigkeit unter den Völkern zu wirken. Allerdings kommt in unserer medial vernetzten Welt von heute dem Auftrag an die Christen, alles Mögliche dafür zu tun, dass die korrekte Information über Jesus von Nazareth und seine Frohe Botschaft, wie sie die Kirche verkündet, weltweit bekannt gemacht werden, eine neue Bedeutung und Dringlichkeit zu.

2. Präzisierung der zur Debatte stehenden Frage

Im Lichte dieser Klärungen präzisieren wir unsere Frage: Haben die Christen politisch das Recht, in Ländern wie etwa der Bundesrepublik Deutschland, im Auftrag Jesu Christi und seiner Kirche die unter uns lebenden Muslime explizit dazu einzuladen, Jesus und seine Botschaft gründlich kennenzulernen? Diese Einladung vollzieht sich hier ja in einer Gesellschaft, die sich auf der Basis der allgemeinen Menschenrechte der Vereinten Nationen eine rechtsstaatliche Verfassung gegeben hat. Weiter fragen wir: Haben die Katholiken in dieser vorgegebenen gesellschaftlichen und politischen Situation von ihrer christlichen Verantwortung her nicht gar die Pflicht, in vornehmer und liebevoller Weise, zum einen, soweit möglich, in allen Mitbürgern den Wunsch zu wecken, die Botschaft Jesu sowie seine Person und sein Leben aus erster Hand kennenzulernen und zum andern alle suchenden und willigen Personen bis zum Empfang des Sakramentes der Taufe und zur Eingliederung in die Gemeinschaft der Kirche katechetisch zu begleiten?

Eine weitere Frage schließt sich an: Welche Form sollte derartige Verkündigung und Einladung konkret annehmen und wie sollten Personen, die dieser Einladung bis zur Taufe folgen wollen, in den Glauben und das Leben der Kirche eingeführt werden?

3. Einwände gegen eine Bejahung unserer Grundfrage

Gegen die Bejahung unserer Frage werden gewichtige Argumente vorgebracht. Unter ihnen vor allem die folgenden:

Im Lichte der relevanten Aussagen des Zweiten Vatikanischen Konzils geht es im Verhältnis der katholischen Kirche zu den Muslimen und ihrer Religion, dem Islam, doch wohl vor allem um die Förderung der dialogischen Begegnung auf deren verschiedenen Ebenen. Es geht nicht um Mission im Sinne der expliziten Verkündigung des Evangeliums und der ausdrücklichen Einladung zu Taufe und Kirchenmitgliedschaft.

Der Abschnitt der Erklärung über die Haltung der Kirche zu den nichtchristlichen Religionen *Nostra aetate*, der sich mit dem Verhältnis zu den Muslimen befasst (NA 3), ermahnt „alle, das Vergangene beiseite zu lassen, sich aufrichtig um gegenseitiges Verstehen zu bemühen und gemeinsam einzutreten für Schutz und Förderung der sozialen Gerechtigkeit, der sittlichen Güter und nicht zuletzt des Friedens und der Freiheit für alle Menschen." Von einer Einladung der Muslime dazu, den christlichen Glauben kennenzulernen und sich taufen zu lassen und so zu Mitgliedern der Kirche zu werden, ist hier keine Rede.

Die Zeit nicht nur der Judenmission, sondern auch der Islammission scheint der Vergangenheit anzugehören, oder sie sollte es jedenfalls. Werden die Muslime in der oben schon zitierten Dogmatischen Konstitution über die Kirche *Lumen gentium* 16 nicht gleich hinter den Juden erwähnt? Wird damit nicht praktisch gesagt, dass, so wie heutzutage jegliche sogenannte Judenmission in der katholischen Kirche allgemein abgelehnt wird, auch von einer sogenannten Missionierung der Muslime abgesehen werden sollte? „Der Heilswille [Gottes] umfasst aber auch die, welche den Schöpfer anerkennen, unter ihnen besonders die Muslime, die sich zum Glauben Abrahams bekennen und mit uns den einen Gott anbeten, den barmherzigen, der die Menschen am Jüngsten Tag richten wird." Der Heilswille Gottes, sagt das Konzil, umfasst auch die Muslime. Ein Aufruf bzw. eine explizite Einladung an die Muslime, den Islam zu verlassen und Christ zu werden erübrigt sich damit doch wohl? Sollte es der Kirche stattdessen in unseren Tagen nicht eher darum gehen, in Umsetzung der eben zitierten Aufforderung des Zweiten Vatikanischen Konzils (NA 3, Absatz 2), sich gemeinsam mit den Muslimen und allen Menschen guten Willens für die Förderung der Gerechtigkeit und der anderen sittlichen Güter, vor allem des Friedens und der Freiheit, einzusetzen?

So ist es auch nicht überraschend, dass das Konzil im Dekret über die Missionstätigkeit der Kirche *Ad gentes* den Islam und die Muslime mit keinem Wort erwähnt. Wenn dieses Dekret davon spricht, dass „der lebendige Gott" „allen Menschen mit Festigkeit und Freimut" verkündet werden muss (AG 50), so hat es wohl die nicht-monotheistischen Religionen im Blick und nicht den Islam, der ja Gott als Schöpfer und Offenbarer verkündet und Jesus Christus anerkennt?

In den zahlreichen Ansprachen, die die Päpste seit Paul VI. an verschiedenen Orten und zu verschiedenen Gruppen von Christen und Muslimen zum Thema der christlich-muslimischen Begegnung gehalten haben, wird immer wieder von der Notwendigkeit des Dialogs und des Bemühens um gegenseitiges Verstehen sowie vom allseits gebotenen, gemeinsamen Einsatz für Gerechtigkeit und Frieden gesprochen. Viel seltener ist dagegen von der Verpflichtung zum expliziten Zeugnisgeben für den christlich-katholischen Glauben die Rede und, soweit ich sehe, überhaupt nicht von der Pflicht, Muslime explizit zum christlichen Glauben und zur Nachfolge Jesu einzuladen.

Nun sind sich die Befürworter dieser Gegenargumente durchaus bewusst, dass es neben dem Missionsdekret des Zweiten Vatikanischen Konzils *Ad gentes* (siehe dort besonders Nr. 13) auch nachkonziliare Aufforderungen zur Notwendigkeit der Christusverkündigung gibt, wie zum Beispiel das Dokument der Internationalen Theologenkommission „Das Christentum und die Religionen" vom 30. September 1996 (Deutsche Bischofskonferenz, Arbeitshilfen 136). Es spricht von „der unumgänglichen Notwendigkeit der Christusverkündigung durch die Kirche“, weil nur in der Kirche, die sich in einer historischen Kontinuität mit Jesus befindet, sein Geheimnis voll gelebt werden könne. Nirgendwo ist die Rede davon, dass die Muslime nicht Adressaten dieser Christusverkündigung sind.

Es besteht bei manchen Christen dennoch der Eindruck, dass, ähnlich wie im Verhältnis zu den Juden, die Kirche heute auch in Bezug auf die Muslime von einer expliziten Einladung zur Annahme des christlichen Glaubens und zur Taufe absehen will. Hat dies mit dem Ärgernis zu tun, das Konversionen vom Islam zum Christentum zweifellos unter den Muslimen Unmut hervorrufen?

Papst Johannes Paul II. hat in der Tat in Ansprachen in Marokko, Senegal und Bangladesch von dem Auftrag der Christen zum Zeugnis gegenüber den muslimischen Mitbürgern gesprochen; und den katholischen Bischöfen der Türkei legte er in Ankara am 31. März 1989 unmissverständlich ans Herz:

> „Ermutigt alle, die eurer Fürsorge anvertraut sind, keine Angst zu haben, ihren Glauben nach dem Beispiel Jesu zu bekennen, der sich nicht aufgedrängt hat, der aber aus seiner ganzen Existenz eine strahlende Ankündigung der Liebe gemacht hat, die der Vater allen Menschen anbietet. Lasst euch bei diesem anspruchsvollen Zeugnis von dem Beispiel so vieler Christen inspirieren, die seit dem Anbruch des Christentums ihre Aufgabe mit Mut erfüllt haben: ‚Wir können unmöglich schweigen über das, was wir gesehen und gehört haben‘“ (Apg 4,20).

Allerdings sprach der Papst hier eher vom christlichen Zeugnis gegenüber den Muslimen in einem allgemeinen Sinn, also nicht von der expliziten Einladung der Muslime, das Evangelium Jesu aus erster Hand kennenzulernen und durch den gläubigen Empfang der Taufe Mitglieder der katholischen Kirche zu werden. Über die Gründe für die Zurückhaltung des Papstes kann nur spekuliert werden.

Natürlich ruft Jesus im Neuen Testament in eindeutigen Aussagen unmissverständlich zum Weg in seine Nachfolge, ja zur täglichen Kreuzesnachfolge (vgl. Lk 9,23), auf und erteilt als der Auferstandene am Ende des Evangeliums nach Matthäus den Auftrag, alle Völker zu seinen Jüngern zu machen und sie auf den Namen des dreieinigen Gottes zu taufen (vgl. Mt 28,19). Ferner weist Jesus in den Evangelien wiederholt darauf hin, dass diejenigen, die seiner Einladung, ihm nachzufolgen, Folge leisten, mit schmerzhaften Auseinandersetzungen und mit Anfeindung bis hinein in ihre Familien zu rechnen haben (vgl. Mt 10,26–36, bes. 34–36). Auch der hl. Paulus, um nur einen der Apostel zu nennen, hat sich durch herbe Anfeindungen und effektive Verfolgung nicht davon abbringen lassen, seine jüdischen Religionsgenossen ebenso wie Anhänger der hellenistischen heidnischen Religionen immer wieder zur Nachfolge des Messias Jesus und zur Mitgliedschaft in der christlichen Gemeinde, der Kirche, einzuladen.

Dennoch argumentieren nicht wenige katholische Christen so: In unseren Tagen sollten wir angesichts des Primats der Nächstenliebe und des Auftrags zum Frieden unverhohlen und ehrlich von solch expliziter Einladung, zumindest in Bezug auf die Muslime und den Islam, Abstand nehmen. Anders gesagt: Die katholische Kirche sollte eine solche Sichtweise und Praxis, selbst wenn sie neutestamentlich bezeugt ist und auch wenn im Laufe der Kirchengeschichte immer wieder Christen getötet wurden, weil sie Muslime in aller Öffentlichkeit zur Annahme des Glaubens an die Gottessohnschaft Jesu und an die hl. Trinität aufgefordert hatten, als für heute nicht mehr maßgebend erklären. Es gilt, so argumentiert man, im Sinne neuerer lehramtlicher Äußerungen, die entsprechenden Texte und Verhaltensweisen neu zu bewerten.

4. Dennoch sagen wir unmissverständlich: Ja, wir sind im Kontext rechtsstaatlich verfasster Staaten verpflichtet, Muslimen explizit den Glauben an Jesus als den Sohn Gottes zu verkünden und sie zum Empfang der Taufe einzuladen.

In unserer präzisierten Frage oben wurde der Rahmen benannt, der unserer Ansicht nach als *conditio sine qua non* (i. e., unerlässliche Bedingung) für unsere positive Antwort auf sie erfüllt sein muss. Wenn und wo immer dieser Rahmen gegeben ist – dafür plädieren wir –, ist die explizite, werbende Einladung seitens der Kirche auch an die Muslime, Jesus Christus und seine Botschaft nicht nur kennenzulernen, sondern darüber hinaus sich nach gründlicher Vorbereitung für den Empfang der hl. Taufe und die volle Mitgliedschaft in der katholischen Kirche zu entscheiden, unumstößlicher Auftrag und dringende Verpflichtung.

Dieser Rahmen stellt historisch ein Novum dar. Erst seit relativ kurzer Zeit nämlich gibt es Länder, die die allgemeinen Menschenrechte der Vereinten Nationen von 1948 anerkennen und wirkkräftig umsetzen, und die gemäß einer dem deutschen Grundgesetz vergleichbaren Verfassung rechtsstaatlich verfasst sind. In solchen Ländern, so argumentieren wir hier, ist es jedem Bürger erlaubt, die Religionsfreiheit zu praktizieren. In einem solchen Land hat jede Person das Recht, eine Religion für richtig zu halten und zu praktizieren, die ihren Überzeugungen entspricht, eine Religion zu verlassen um eine andere Religion ihrer Wahl anzunehmen oder auch den Status der Religionslosigkeit zu wählen. Mündige Personen in solchen Ländern übernehmen nicht einfach die ihnen vom Elternhaus oder Klan tradierte Religion, sondern stellen sie kritisch in Frage. Sie werden sich im Hinblick auf die Lehren der Religionen informieren. Sie entscheiden sich für die Religion ihrer Wahl oder dafür, keiner Religion angehören zu wollen. Sie sind in ihrer Wahl frei. Das Recht auf Religionsfreiheit ist ein individuelles Recht. Die weltanschauliche bzw. religiöse Entscheidung jedes erwachsenen Bürgers ist grundsätzlich frei und darf nicht unrechtmäßig behindert werden. Der Familie, Verwandtschaft oder etwa dem Arbeitgeber steht nicht das Recht zu, diese freie Entscheidung und ihre Umsetzung im Leben zu behindern. Wo solche Behinderung geschieht, stellt sie einen juristisch relevanten Rechtsbruch dar.

Aus der gegebenen Freiheit ergibt sich für den denkenden und religiös suchenden Menschen die Pflicht, sich in religiösen Fragen zu informieren. Nur auf der Basis einer – noch so elementaren – Information über das Angebot der Religionen kann sich die freie Entscheidung des Bürgers verwirklichen. Da in einer so verfassten Gesellschaft Menschen Informationen über die verschiedenen Religionen suchen, darf die christliche Kirche, staatlich gesehen, solche Information verbreiten und zugänglich machen. Vom christlichen Glauben her gesehen ist sie dazu verpflichtet.

Wann immer eine Person dann aufgrund solcher Information sowie aufgrund vielfältiger anderer legitimer Motive zu der Überzeugung gelangt, dass sie die katholische Lehre und das Leben aus dem Glauben tiefer verstehen möchte, steht die Kirche ferner in der Pflicht, die christliche Lehre und die Initiation in das christliche Leben in adäquater und ansprechender Form einladend anzubieten. Ferner ist es von ihrem eigenen Glauben her gesehen die Aufgabe der Kirche und aller ihrer Mitglieder, die christliche Botschaft bekannt zu machen, den Wunsch zu wecken, sie besser kennenzulernen sowie suchenden Muslimen die Einladung zur Mitgliedschaft in der Kirche durch den Empfang der Taufe effektiv zu vermitteln. Solche Einladung geschieht vor allem im Modus der persönlichen Begegnung.

Die Annahme dieses Angebots seitens einiger Muslime führt dann an all den Orten, wo Muslime ihr ernstes Interesse am katholischen Glauben bekunden, zur Einrichtung eines förmlichen Katechumenats. Dieses bietet nicht nur die Lehre der Kirche an, sondern umfasst auch die stufenweise Initiation in das Leben aus dem christlichen Glauben. Es versteht sich: All dies geschieht ausschließlich auf der Grundlage einer absolut freien Entscheidung der Muslime.

Wie weit ist die hier angesprochene zu unserem christlichen Glauben einladende Grundeinstellung im Leben der Katholiken in unserem Land schon selbstverständlich geworden? Was den Dialog und die Arbeit für interreligiöse Kenntnis und Zusammenarbeit vor allem mit dem Ziel der gemeinsamen Förderung der Gerechtigkeit und des Friedens angeht, ist seit dem Konzil auf der Ebene der Diözesen, der Akademien bis hin zu den Pfarreien und Gemeinden und religiösen Gemeinschaften viel bewirkt worden. Dies ist ausdrücklich zu begrüßen. Was dagegen die hier dargelegte Pflicht der katholischen Kirche zur Einladung von Muslimen zum katholischen Glauben angeht, so ist dieser Auftrag weder im Bewusstsein der einzelnen Gläubigen noch in den relevanten kirchlichen Institutionen genügend erkannt, anerkannt und lebendig. Das muss sich ändern.

5. Die konkrete Form der Einladung und Hinführung zur Taufe

In diesem kurzen Essay kann die konkrete Form, die die Einladung an Muslime und ihre Hinführung zur Taufe annimmt, leider nur stichwortartig angedeutet werden. Grundsätzlich gilt: Jeder Mensch, der Interesse an der Taufe bekundet, ist willkommen und hat ein Recht darauf, die befreiende und beglückende Botschaft des Evangeliums schon in diesem Leben kennenzulernen. Umgekehrt stehen Christen und im Besonderen christliche Gemeinden und Pfarreien in der Pflicht, diese Botschaft auch Muslimen zu verkünden und in ihrem Leben zu bezeugen.

Natürlich gelangt nicht jede Person, die einmal echtes Interesse am katholischen Glauben geäußert hat, bis zum Empfang der hl. Taufe. Vor Beginn des Katechumenats müssen sowohl aufseiten der Interessenten als auch der Begleitenden bestimmte Voraussetzungen geklärt werden. Die persönliche Auseinandersetzung mit religiösen Inhalten setzt eine gewisse Ruhe und Sicherheit der Lebenssituation voraus und eine Zeit der Prüfung der Motive.

Die Deutsche Bischofskonferenz weist in ihrer Arbeitshilfe Nr. 236 „Christus aus Liebe verkündigen. Zur Begleitung von Taufbewerbern mit muslimischem Hintergrund" (Bonn, 2009) in aller Deutlichkeit darauf hin, dass Menschen in Abhängigkeitsverhältnissen – und das kann u. U. gerade auch auf geflüchtete Muslime zutreffen – nicht zur Taufe geführt werden dürfen. Idealerweise sollte die Konversion auch keinen Bruch in der Biographie darstellen, sondern der neue Glaube soll auf dem alten aufbauen und bisher gemachte genuine religiöse Erfahrungen integrieren. Die Gemeinsamkeiten sowie auch die wesentlichen Unterschiede zwischen dem Glaubensbekenntnis des Islam und dem der Kirche sollten herausgearbeitet werden. Auch bei Berücksichtigung des breiten Fächers von Auslegungen innerhalb des Islam und des kirchlich verfassten Christentums stehen solche Unterschiede im Raum. Auf jeden Fall sollten der Respekt vor den Muslimen und die Zuneigung zu den Verwandten, Freunden und Bekannten erhalten bleiben, selbst wenn sich ein vorübergehender Bruch nicht immer vermeiden lässt. Natürlich ist es in jedem Fall möglich, suchende Muslime zur Teilnahme am Gemeindeleben und zu Feiern einzuladen, um ihnen zu zeigen, was Christen wichtig ist.

Was sind Hauptgründe, die Muslime bewegen, um die Aufnahme in die Kirche zu bitten? Es stehen unterschiedliche Interessen nebeneinander: (a) Suche nach einer tragfähigen Spiritualität; (b) Wunsch nach intellektueller Auseinandersetzung mit religiösen Fragestellungen; (c) Ablehnung dessen, was im eigenen Empfinden als aufgezwungenes Handeln nach der Scharia und als latente Gewaltbereitschaft im Islam erlebt wird; (d) Faszination für die Person Jesu und für die Evangelien sowie die Sehnsucht nach einem bedingungslos liebenden Gott.

Andere, möglicherweise eher unbewusste Gründe können sein: (a) der Wunsch nach Zugehörigkeit zur Gemeinschaft am neuen Lebensort. Gerade die Begegnung mit Christen im Kontext der Pfarrei und/oder mit einer Gruppe engagierter Christen kann für geflüchtete Menschen eine sehr bereichernde Erfahrung sein, weil sie hier Offenheit für Andere, Achtung religiöser Überzeugung und die Bereitschaft, Fremdes zu tolerieren, erfahren können; (b) die Vorstellung und möglicherweise im Herkunftsland gemachte Vorerfahrung, dass der soziale Aufstieg leichter gelingt, wenn man der Mehrheitsreligion angehört; (c) ein Ausdruck der Dankbarkeit für die am neuen Lebensort erfahrene Hilfe und Unterstützung.

Das Katechumenat der katholischen Kirche bietet als ausgedehnter, stufenweiser Prozess die Chance, das Christsein einzuüben und sich der Eingliederung in die Kirche anzunähern. So kann die Dauer des Weges bis zur Taufe, die *mindestens* ein Jahr betragen sollte, als Möglichkeit des Hineinwachsens in den christlichen Glauben verstanden werden. Jederzeit kann sich der Katechumene natürlich auch entscheiden, das Katechumenat abzubrechen.

Das Kennenlernen des katholischen Glaubens und Lebens kann auf vielfache Weise geschehen und gefördert werden, wobei freundliche Kontakte und Beziehungen zu Christinnen und Christen eine große Rolle spielen. In diesem Zusammenhang kommt dem Begleiter bzw. Paten des

Katechumenen/Neugetauften eine zentrale Bedeutung zu: Ein(e) sogenannte(r) Gemeindepate/-in (z.B. Gemeindemitglieder, christliche Familienangehörige und/oder Freunde; nicht zu verwechseln mit dem oder der späteren Taufpaten/-in) kann den Taufinteressenten/die Taufinteressentin dabei unterstützen und begleiten, den gelebten katholischen Glauben kennenzulernen.

Menschen, die die Taufinteressent(inn)en auf ihrem Weg zu einer bewussten Entscheidung für oder gegen die Taufe begleiten, sollten ein Grundinteresse an der Herkunftskultur und -religion der Taufinteressent(inn)en mitbringen. Sie müssen ganz und gar nicht Islamexperten sein, doch sollten sie mit den wichtigsten Richtungen und Gruppierungen der muslimischen Welt sowie mit den grundlegenden Unterschieden zwischen Christentum und Islam vertraut sein, um daran anknüpfend theologische Begriffe und Glaubensinhalte (z.B. Wer ist Jesus? Was ist ein Sakrament? Wie betet ein Christ?) sachgetreu erklären zu können.

Begleiter und Begleiterinnen sind sich jederzeit der besonderen Verantwortung bewusst und sichern gegebenenfalls zu, dass die Vorbereitung unter dem Siegel der Verschwiegenheit und unter Ausschluss der Öffentlichkeit durchgeführt wird, wenn durch den Taufwunsch bzw. die Taufvorbereitung der Taufinteressent/die Taufinteressentin oder die in der Heimat verbliebenen Familienmitglieder in Gefahr gebracht werden könnten.

Das Curriculum des Katechumenats orientiert sich am christlichen Credo im Dialog mit der Heiligen Schrift, in dem die heilsgeschichtliche Bedeutung des jüdisch-christlichen Volkes Gottes bis in unsere Kirche hinein deutlich wird. Das Kirchenjahr mit seinen geprägten Zeiten, Schriftlesungen und seinem Brauchtum kann als roter Faden einer ganzheitlichen Vermittlung dienen.

- Der Gottesbegriff im Christentum und Islam: Wer ist Gott?
- Wer ist Jesus? Jesus und Muhammad
- Das Geheimnis der Sünde, des Kreuzes und der Erlösung
- Bibel und Koran: Wert und Zuverlässigkeit der Heiligen Schrift
- Grundsätze christlichen Lebens (*Diakonia - Martyria - Leiturgia - Koinonia)*
- Fasten, Gebet und Almosen
- Speiseverbote. Scharia und Ethik
- Die Sakramente
- Das Kirchenjahr
- Katholische Kirche und Staat
- Konversion und Abfall vom Glauben (Apostasie)
- Religionsfreiheit. Gewissensfreiheit
- Die katholische Kirche und die Religionen. Das Lehramt der Kirche
- Geschichte der Begegnung von Christen und Muslimen. Formen des Dialogs

Eine besondere Verantwortung tragen die christlichen Gemeinden, in deren Bereich die Taufbewerber sich aufhalten. Nicht nur die Seelsorger dieser Gemeinden sollten um sie wissen und sie nach ihren Möglichkeiten begleiten. Gerade Gläubige und Ehrenamtliche in Gruppen und Verbänden sind herausgefordert, den Bewerbern auf ihrem Weg zur Entscheidung für die Taufe Verständnis, Wertschätzung und Achtung zu zeigen.

6. Zusammenfassung

Der Auftrag des Auferstandenen Herrn an seine Jünger, in die ganze Welt zu gehen, den Glauben an den dreieinigen Gott zu verkünden sowie zur Taufe und damit zur Mitgliedschaft in der Kirche einzuladen (vgl. Mt 28,16–19), bleibt auch heute gültig. Die medial vernetzte Welt ermöglicht es der Kirche und erlegt ihr die Pflicht auf, auch den Muslimen weltweit die wahre Lehre über Jesus, den Sohn Gottes und sein Werk der Erlösung bekannt zu machen. In Ländern und Gesellschaften, die rechtsstaatlich verfasst sind, haben katholische Christen außerdem die Pflicht, explizit zur Annahme des christlichen Glaubens einzuladen und Muslime, die darum bitten, im christlichen Glauben gründlich zu unterweisen, bis zum Empfang des Sakramentes der Taufe und, vertiefend, weit darüber hinaus.

III. Christliches Zeugnis in einer säkularen Welt

Leidenschaftliches Zeugnis!

Reflexionen auf ein Leitmotiv nachvolkskirchlichen Christseins

Martin Dürnberger

1.

> *Mama, kommt der Dieb von deinem Fahrrad auch in den Himmel?*
> *Hat Gott die Menschen bei der Sintflut wirklich getötet? Und die Tiere dazu?*
> *Gibt es noch mehr Gotts?*
> *Mama, hast Du Gott schon einmal gesehen?*[1]

Wenn Kinder solche Fragen zu stellen beginnen, wird die Lage ernst. So beschreibt die religiös unmusikalische Journalistin und Schriftstellerin Verena Friederike Hasel die irritierende Erfahrung, dass ihre Töchter ernsthaft zu glauben anfangen: an Engel, an ein Wiedersehen nach dem Tod, an einen Gott, der auf sie aufpasst. Hilflos ob dieser Entwicklung wendet sie sich an getaufte und konfirmierte Freunde, um sich „etwas an Glauben" auszuleihen, „das mir in den Gesprächen mit meinen Kindern hilft." Der Versuch misslingt, die Ausleihe kommt nicht zustande: Der Freundeskreis weicht verschämt aus. „Das klingt alles so albern, wenn ich das laut sage", meint eine Freundin. Über den Glauben, so Hasels Erfahrung, spricht man nicht, es gibt eine Angst, „dass der Glaube durch solche Gespräche kaputtgehe". Man schämt sich ein wenig dafür, selbst im wöchentlichen Glaubenskurs, den die junge Mutter in ihrer Not besucht. Manches in dem Bericht mutet wie eine Nebenhandlung in einem Woody-Allen-Film an, aber: Hasel beschreibt eine biographische Erfahrung.

Sie liefert damit Nahrung für alle, die den Verdacht hegen, das Christentum sei an seinen volkskirchlichen Endmoränen zeugnisschwach geworden. Diese Schwäche wird dabei nicht bloß als Symptom einer Kirchenkrise verstanden, sondern oftmals auch als deren eigentliche Ursache diagnostiziert. Entsprechend haben Therapien frei nach Augustinus hier anzusetzen: *Wer andere entzünden will, muss selber brennen.* Denn „ein Mensch, der nicht überzeugt, begeistert, sicher, verliebt ist, überzeugt niemanden."[2] Wo authentisches, leidenschaftliches, glaubwürdiges Zeugnis fehlt, empfiehlt sich gegen ekklesiale Ermüdungserscheinungen *lege artis* also eben dies: authentisches, leidenschaftliches, glaubwürdiges Zeugnis. Papst Franziskus erinnert immer wieder daran: Die Kirche braucht „nicht viele Bürokraten und Funktionäre ..., sondern leidenschaftliche Missionare, die verzehrt werden von der Begeisterung, das wahre Leben mitzuteilen."[3]

Die römische Perspektive und die Berliner Erfahrung fordern gleichermaßen zu einer Reflexion darauf heraus, was christliches Zeugnis ist, heute sein muss und sein kann. Was dabei ansteht, ist vielleicht nicht so sehr grundlagentheoretische (Neu-)Vergewisserung dessen, was Zeugnis christlich meint und impliziert. Freilich ist auch eine solche nötig: Wie kann aufgewiesen werden, dass der Mensch für das unbedingte Ja Gottes, das Jesus ist, ansprechbar ist? Und wie kann gedacht werden, dass der Mensch dieses Ja Gottes in seiner Existenz symbolisch gebrochen, aber wirklich bezeugen kann? Die denkerischen Geländegewinne in diesen Fragen durch die anthropologisch gewendete Theologie im 20. Jahrhundert sind unbestritten, sie sind aber auch – wie alle großen Einsichten – niemals bloß zu notieren, sondern stets neu zu erringen.[4] Aber aus dieser Notwendigkeit ergibt sich keine Priorisierung: Wenn das Waterloo der Theologie nicht das Denken, sondern das Leben ist,[5] scheint eine andere Reflexion noch dringlicher: eine kleinteilige Reflexion auf historische Aprioris, i.e. Ermutigungs- und Verunmöglichungsbedingungen des Glaubens in Geschichte und Gesellschaft – spezifisch gegenwärtige Bedingungen, unter denen der Glaube Zeitgenoss(inn)en unmöglich erscheint oder möglich wird (weil er verständlich und mit anderem Weltwissen vereinbar ist, weil seine Praktiken ansprechend sind, weil er eine relevante Sinnoption darstellt u.a.).[6] Im Blick auf die dabei wahrgenommenen Transformationen hat Theologie zugleich ihre eigenen Konzepte neu zu vergewissern und neu zu bestimmen; denn in einer allgemeinen ideengeschichtlichen Drift können Begriffe semantisch weitertreiben, an neuen Theorie-Inseln anschwemmen, von neuen Erwartungen überwachsen werden, Symbiosen mit veränderten Identitätsanforderungen und -bedürfnissen eingehen u.a.m. Das gilt auch für den Begriff des Zeugnisses, der gegenwärtig insbesondere im Nachdenken über nachvolkskirchliche Formen des Christentums an Bedeutung zu gewinnen scheint. Auch deshalb lohnt die Reflexion darauf, was christliches Zeugnis ist und gerade in postsäkularen Konstellationen sein kann.

Einen möglichen Ansatzpunkt solchen Nachdenkens legt die Frage nach einem zeugnisschwachen Christentum wie von selbst nahe, denn diese bezieht sich nicht einfach auf das Zeugnis selbst, sondern (in erster Lesung) auf eine Defizienz seiner Form. Deshalb müssen vor allem die Attribute von besonderem Interesse sein, die sich auf diese Form beziehen; dabei scheint das Gegenbild zum schwachen und lauen, zum verschämten oder diffusen Glauben vor allem das *authentische, leidenschaftliche Zeugnis* zu sein. Besonders dieser Topos scheint eine gewisse Hausse zu erleben, er bietet sich als Einstiegspunkt der folgenden Überlegungen an.

2.

Woran erkennt man einen Veganer?
Keine Sorge, er wird es Dir sagen!

Dieses Bonmot ist ein Kind urbaner Lebensverhältnisse im 21. Jahrhundert. Es persifliert nicht bloß eine spezifische Distinktionsbemühung in einer Gesellschaft der Singularitäten (Reckwitz), sondern ist auch ein Indiz für eine umfassendere Wahrnehmung: Praktiken des Bekennens und Bezeugens, die man einst als religiös bezeichnet hätte, sind als Techniken des Selbst ins Säkulare ausgewandert und lebendig. Veganismus etwa, so suggeriert die Bemerkung, ist eben kein bloßer Lebensumstand, sondern eine Lebensentscheidung, die bewusst getroffen *und* öffentlich kommuniziert wird – das Zeugnis stellt sich wie von selbst ein. Bekenntnisfreude und Zeugnislust dieser Art sind freilich nicht auf Ernährungsfragen begrenzt – sie drücken sich auch in Solidaritätsbannern in sozialen Medien aus, im Bekenntnis zu Einkaufsentscheidungen oder Boykottaufrufen, in Tattoos von Geburtsdaten und Kindernamen, in Hoodies neurechter Bewegungen oder diskriminierungssensiblen *playlists* auf Musikstreaming-Plattformen u. a. m. Die Zeugnisförmigkeit dieser Praktiken ist in größere Entwicklungen eingebettet: In Multioptionsgesellschaften (Gross) können Identitäten freier als bisher konstruiert werden, sie müssen es aber auch; im vor allem digitalen Strukturwandel von Öffentlichkeiten kann die gewählte Identität öffentlich sein, wird es aber auch zusehends in vielen Hinsichten; in Konflikten um Anerkennung stehen Identitäten vor der Herausforderung, sich zu anderen Identitätsentwürfen und -ansprüchen verhalten zu müssen, sie können sich darin aber auch dynamisieren und weiterentwickeln. Das erhellt ein wenig, wie das Beispiel eingangs zu deuten ist: Indem man sich zu etwas bekennt, von dessen Wahrheit, Richtigkeit,

Sinnhaftigkeit, Schönheit u. a. m. man überzeugt ist, positioniert man sich in einem Kosmos der vielen Optionen und differenziert zugleich seine eigene Subjektivität im öffentlichen Raum symbolisch aus. Praktiken der Identifikation sind somit zugleich Praktiken der Konstruktion, der Vergewisserung und Fortbestimmung eigener Identität – sie sind Medien, um Selbst- und Weltbeziehungen zu bestimmen. Gerade darin mag die Attraktivität des Zeugnisses und des Bekenntnisses auch in säkularen Kontexten bestehen: Es ist ein Modus, Identitäten in komplexen Umwelten zu vergewissern.

Damit ist die Geschichte allerdings noch nicht auserzählt, weil etwa zu erhellen wäre, wie Bekenntnislust und -druck ineinandergreifen. Vor allem aber scheint, wie bereits angedeutet, weder in religiösen noch in säkularen Kontexten das Zeugnis als solches von Interesse. Der eigentliche Fluchtpunkt gegenwärtiger Zeugnis-Reflexion und -Rhetorik scheint tatsächlich oftmals das authentische oder leidenschaftliche Zeugnis zu sein. Theologische Analysen zum Authentizitätsmotiv liegen bereits vor,[7] entsprechend fokussiere ich im Folgenden das Attribut der Leidenschaft.

3.

Ein schönes Leben.
Doch irgendwie nicht meins.[8]

Die Leitfrage ergibt sich aus dem Duktus der bisherigen Überlegungen wie von selbst: Was macht Leidenschaft offenkundig so attraktiv, und zwar für religiöse wie säkulare Zeitgenoss(inn)en gleichermaßen? Eine Antwort lässt sich in einem kleinen Exkurs zur Geschichte der Moderne präparieren. Immanuel Kant noch verdammt etwa mit einer langen Tradition vor ihm alle Leidenschaft. Vernunft arbeitet bekanntlich nur in kühlen Räumen gut, nicht in der

Hitze der Affekte: Leidenschaften sind „ohne Ausnahme böse“[9], notiert er entsprechend und, wie um keine Zweifel aufkommen zu lassen: „Leidenschaften sind Krebsschäden für die reine praktische Vernunft und mehrenteils unheilbar: weil der Kranke nicht geheilt sein will“.[10] Aber während Kant noch das transzendentale Subjekt und die reine Vernunft als Referenzgrößen seines Denkens auszeichnet, geraten nach ihm zusehends geschichtlich, gesellschaftlich, psychisch u. a. vermittelte Subjektivierungsprozesse in den Fokus, immer schon im scharfen Bewusstsein möglicher Pathologien. *Ein* Motiv, das dabei heuristisch leitend wird, kreist um die Erfahrung des Individuums, in schwer bestimmbarer Weise nicht mehr in seiner (Lebens-)Welt zu Hause zu sein. Marx analysiert das Phänomen der Entfremdung, Schopenhauer räsoniert über den Ennui, Freud deckt das Unbehagen an der Kultur auf, Lukács spricht von transzendentaler Obdachlosigkeit – jeweils in sich hochdifferenzierte Erfahrungen, aber familienähnlich: Vorhandene Welt und eigene Sinnbedürfnisse klaffen eigentümlich auseinander. *Selbst wenn das Leben also schön sein sollte,* wie BRETT besingt: *Es nützt doch alles nichts, wenn man darin nicht zuhause ist.* Das ist eine mögliche Linie, um die Attraktivität der Leidenschaft verständlich zu machen: Wo das stahlharte Gehäuse fordistischer Lebensverhältnisse die Bewohner der Moderne zum Lustaufschub diszipliniert, steht Leidenschaft für unbändiges Leben, entfesselte Lust, für Eigenes und Eigentliches gegen Fremdbestimmung. Leidenschaft erscheint als Sinn- und Glückserfahrung *sui generis*: Sie ist – gleichsam von Gehalt und Objekt abgelöst – ein Erfahrungsmodus, eine reine Form. Ganz gleich, ob man leidenschaftlich liebt, hasst, sammelt, fotografiert, kocht oder reist: Es ist dieser Modus, der intensives Leben, Eigenes und Eigentlichkeit indiziert. Leidenschaft ist nicht länger wie bei Kant ein *malum*, sondern ein *bonum*, weil in ihr gewissermaßen der Funke überspringt oder sich, im Anschluss an Hartmut Rosa, Resonanz ereignet.[11] Man ist versucht zu sagen: *als blitzte darin zumindest der Form nach ein Moment richtigen Lebens im falschen auf.*

Wer die wilde These liebt, könnte Leidenschaft folglich (analog zur Authentizität) als in den Innenraum des Subjekts verschobene, spätmoderne Sekundärtugend begreifen: Wie Höflichkeit *(hövescheit)* eine höfisch vormoderne und Disziplin eine (wahlweise *fordistisch* oder *preußisch*) moderne Sekundärtugend ist, wäre Leidenschaft besonders für eine reflexive, aber post-ironische Moderne attraktiv – eine Moderne, die in ihren eigenen Verwerfungen und auf den Trümmern der von ihr selbst betriebenen Weltgeschichte vor der Frage steht, ob und wie zumindest die eigene fragile Subjektivität unter diesen Bedingungen gelingen kann. Leidenschaft wäre hier eine Antwort, keine theoretische, sondern eine erlebte: intensive Erfahrung von Leben bzw. darin seine Affirmation. *Lebe Deine Leidenschaft!* ist entsprechend Imperativ und Verheißung in einem, die Werbung nutzt das Motiv bekanntlich exzessiv.

Vielleicht lassen sich zeitgenössische Rhetoriken authentischen, leidenschaftlichen Zeugnisses bzw. das Leiden an zu wenig Zeugniskraft vor diesem Hintergrund lesen: Es ist ein verschlüsseltes Unbehagen an zu wenig Resonanz, eine chiffrierte Sehnsucht, die sich säkulare wie religiöse Zeitgenossen teilen, nämlich danach, ungebrochen für etwas einstehen können und ohne alle Ironie von etwas ergriffen zu sein, romantische Sehnsucht nach einem organisch gewachsenen Leben. Dabei nimmt sich der rekonstruierte Erfahrungsmodus der *Leidenschaft* attraktiv und verheißungsvoll aus, er indiziert das gesuchte gelingende Selbstsein bei gleichzeitiger Selbstvergessenheit – es ist völlige Identifikation qua affektiver Ergriffenheit, die daraus rührt, dass man das Eigene gefunden hat.

Von diesen Überlegungen lässt sich auch in anderer Hinsicht nochmals eine Linie zu Ausführungen oben zurückziehen, nämlich im Blick auf die Daueröffentlichkeit in Zeiten sozialer Medien. Wenn immer mehr Optionen immer mehr Entscheidungen erschließen, zugleich aber jede Entscheidung in immer größerer Öffentlichkeit vor anderen Entwürfen steht und bestehen muss, erhöht dies auf spezifische Weise den Rechtfertigungsdruck. Im Blick darauf markieren Zeugnis wie Leidenschaft, signalisieren Bekenntnis wie Authentizität eine Form argumentativer Letztgültigkeit. Ian McEwan legt dieses Moment in seinem Roman *Kindeswohl* idealtypisch offen, wenn er Jack seiner Gattin Fiona gegenüber bekennen lässt: „ich liebe dich, aber bevor ich tot umfalle, will ich noch eine große, leidenschaftliche Affäre haben."[12] Was das Bekenntnis signalisiert, ist argumentative Unhintergehbarkeit: Wo man es mit Leidenschaften zu tun hat, gerät man an letzte, subjektiv unverbrüchliche Gründe – der Spaten biegt sich gewissermaßen zurück, um eine Formulierung Wittgensteins zu verwenden.

In dieser rechtfertigungstheoretischen Figur schießen alle skizzierten Momente zusammen, sie sind auch existentiell relevant: *So bin ich nun mal, ich brauche das jetzt, ich kann nicht anders – und ich könnte nur anders um den Preis, mich selbst zu verleugnen.* Darin liegt ein quasi-religiöses Versprechen: Wo man auf so etwas stößt, wo man nicht anders kann, weil nichts anderes einem selbst entspricht – da kann keine Macht dieser Welt einem noch etwas vorwerfen: Man darf als gerechtfertigt gelten.

4.

All my friends are heathens, take it slow
Wait for them to ask you who you know
Please don't make any sudden moves
You don't know the half of the abuse[13]

Mit den bisherigen Ausführungen ist (im Blick auf die ideengeschichtliche Drift von Konzepten) ein wenig Licht auf die zeitgenössische Signatur *und* Attraktivität von Zeugnis- und Bekenntnispraktiken geworfen. Darin werden auch Konturen eines historischen Aprioris erkennbar, d.h. einer möglichen Ansprechbarkeit für die christliche Botschaft *unter Bedingungen der Gegenwart*. Diese kann sich auf zweierlei mögliche Ansatzpunkte beziehen: zum einen die *Funktion*, die Zeugnispraktiken in zeitgenössischen Techniken des Selbst haben (insofern sie Medien sind, sich der eigenen Identität zu vergewissern bzw. diese symbolisch auszudifferenzieren); zum anderen die *Form*, die Erfahrungsmodi wie Leidenschaft oder Authentizität in der Moderne besonders attraktiv macht (sofern diese Modi verheißen, Entfremdungserfahrungen zu überkommen, bzw. sie Sinnerfahrungen indizieren). Daraus kann man eine ekklesiale Strategie ableiten wollen: Wenn Praktiken identitätsstabilisierenden Bezeugens und Bekennens auch für säkulare Zeitgenossen attraktiv sind, wenn in der Moderne insbesondere Authentizität oder Leidenschaft in besonderer Weise ansprechend werden – was liegt dann näher als eben dies: leidenschaftliche Zeugen als Gesichter der Kirche ins Rampenlicht zu stellen, auf Techniken der Personalisierung und Emotionalisierung zu setzen? Gebetshäuser, Jüngerschafts-Schulen und *leadership*-Tagungen in evangelikal-freikirchlichen Kreisen scheinen gerade darauf zu setzen, auch katholischerseits gibt es Affinitäten dazu.[14] Fragt man also danach, wie sich die Plausibilität des Säkularen aufbrechen lässt, dann hat man hier mögliche Antworten.

Und doch muss spätestens an dieser Stelle Unbehagen aufbrechen: Arbeiten nicht auch politische Parteien, Konzerne oder NGOs mit Techniken der Personalisierung und Emotionalisierung, mit Influencern und (der Begriff ist eben nicht zufällig so gewählt) *testimonials*, um ihre Botschaften zu kommunizieren? Sind die Rhetoriken der Leidenschaft und Authentizität letztlich nicht bloße Marketing-Konzepte, die zwar zeitgenössische Bedürfnisse bedienen – aber nicht notwendig mit dem ‚Markenkern' zu tun haben? Gerade die letzte Frage scheint an den neuralgischen Punkt des Unbehagens zu rühren, nämlich als Frage danach, wie die skizzierten Momente von (Sinnerfahrungs-)Form und (Identitäts-)Funktion mit dem korrespondieren, auf den sich das Zeugnis letztlich bezieht: Jesus Christus. Fraglos kann dieser Glaube die eigene Identität auch stabilisieren – aber er liegt quer zur identitären Versuchung, die *Verteidigung des Eigenen*[15] zum Maßstab zu erheben: Immer wieder führt er aus ägyptischen Bequemlichkeiten, in denen man sich heimisch einrichten will, immer wieder ist er mit der Forderung nach *metanoia* und der Unterscheidung der Geister konfrontiert: Was ist das entscheidend Christliche – und was hält man bloß gerne dafür?[16] Und natürlich kennt der Glaube die Begeisterung der Verliebten, die wie von selbst allen mitteilt, was sie erfüllt – aber er kennt auch den wenig aufregenden Alltag der Liebe, zudem mühsame, dunkle Wegstrecken, Fragen und Zweifel. Hier nun scheint (in zweiter Lesung) der Verdacht des zeugnisschwachen Christentums sein eigentliches, verborgenes, unbewusstes Epizentrum zu haben: dass die Defizienz in der Form in irgendeiner Weise mit einem Mangel in der Substanz zu tun habe. *Ist das Zeugnis nicht da schwach, wo es auch der Glaube ist? Und ist nicht da, wo der Glaube stark ist, auch das Zeugnis stark, im Sinne von: leidenschaftlich, begeisternd und mitreißend?* Aus der psychologisch feinen Beobachtung Augustins lässt sich eben auch eine vulgäre Rezeptur mischen: *Wer andere entzünden will, muss selbst brennen – wer brennt, wird andere entzünden – und wer andere nicht entzündet, brennt zu wenig.*

Aber diese heimliche Folgerungssequenz ist aufzubrechen, nicht nur wegen formaler Fehler, sondern auch weil sie in unterschiedlichen Hinsichten theologisch falsch ist. Sie ist es vor allem da, wo sie wie angedeutet ein Bild von Glauben zeichnet, das diesen semantisch mit Gewissheit, Stärke und Stabilität kurzschließt. Es wäre eine heimliche Desavouierung jener, die ihren *honeymoon* bereits hinter sich haben, die müde, beladen, vielleicht sogar ausgebrannt sind, die aus dem Takt gekommen sind, sich im Glauben in Zwischenräumen mit all ihren Zwischentönen befinden. Aber nichts ist anrüchig an einem Satz wie *Ich glaube, hilf meinem Unglauben* (Mk 9,24) – und nichts ist fragwürdig an einem Glauben, der bleibend irritationssensibel ist: der angesichts des Leids in der Welt um Worte ringt, selbst noch Fragen hat und mit anderen stellt, der seine Hoffnung nur behutsam mitteilt und nicht aufdrängt (wie dies die zitierten *Twenty One Pilots* einmahnen). Dass christlicher Glaube und mit ihm christliches Zeugnis zudem immer hinter dem zurückbleiben, auf den sie sich beziehen, dass sie deshalb notwendig prekär bleiben, muss als Gesichtspunkt nicht eigens ausgeführt werden – aber es ist daran zu erinnern, weil es bedeutet, dass man nicht bloß an einem Zuwenig, sondern auch einem Zuviel scheitern kann.

5.

Fröhlich sein. Gutes tun. Die Spatzen pfeifen lassen.
Niemals auf die eigenen Zwischentöne vergessen.

Reicht das? Spricht ein solcher Glaube, wo man ihn zu leben versucht, denn andere an, kann er sie zum Glauben führen? Das ist keine Frage, der theoretische Antworten in Essays zugeführt werden können, es ist vielleicht überhaupt keine relevante Frage. Im Markusevangelium vergleicht Jesus das Reich Gottes mit einer wachsenden Aussaat: Freilich gibt es ohne Aussaat kein Wachstum, sie ist notwendig – aber nicht hinreichend. Als der Samen schließlich zu keimen und wachsen beginnt, weiß der Sämann letztlich doch nicht, wie (Mk 4,27). Vielleicht ist darin jene unaufgeregte Haltung vorgezeichnet, die Don Bosco vor Augen hat und die auch heute ein Maß für christliches Zeugnis sein mag: *Fröhlich sein, Gutes tun, die Spatzen pfeifen lassen – aber darüber niemals auf die eigenen Zwischentöne vergessen.*

Anmerkungen

1 *V.F. Hasel*, Ernsthaft?, in: Die Zeit 14/2018, 57f. – Die Fragen und die beiden folgenden Zitate ebd., 58.

2 *Evangelii gaudium* 266 (zitiert nach: https://w2.vatican.va/content/francesco/de/apost_exhortations/documents/papa-francesco_esortazione-ap_20131124_evangelii-gaudium.html [abgerufen am 4.2.2018]).

3 *Gaudete et exsultate* 138 (zitiert nach: https://w2.vatican.va/content/francesco/de/apost_exhortations/documents/papa-francesco_esortazione-ap_20180319_gaudete-et-exsultate.html [abgerufen am 15.4.2018]). – Die zitierte Aussage steht unmittelbar in einer Passage über das Zeugnis vieler Priester, Ordensfrauen, Ordensmänner und Laien, das *eben genau daran* erinnere; vgl. auch schon viele frühere Äußerungen, exemplarisch: http://www.katholisch.de/aktuelles/aktuelle-artikel/kirche-braucht-keine-burokraten [14.8.2016, abgerufen am: 15.4.2018].

4 Vgl. *A. Langenfeld/M. Lerch*, Theologische Anthropologie, Paderborn 2018.

[5] Zu dieser Formulierung von Ingolf U. Dalferth vgl. *M. Schüßler*, Das Waterloo der Theologie ist das Leben, nicht so sehr das Denken, auf: http://www.feinschwarz.net/das-waterloo-der-theologie-ist-das-leben-nicht-das-denken/ [4.5.2017, abgerufen am: 15.4.2018].

[6] Vgl. *Ch. Taylor*, Ein säkulares Zeitalter, Frankfurt a.M. 2009; *H. Joas*, Die Macht des Heiligen. Eine Alternative zur Geschichte von der Entzauberung, Berlin 2017.

[7] Vgl. *A. Kreutzer*, Authentisches Zeugnis? Die (öffentlich-)theologische Bedeutung der Rollentheorie Erving Goffmans, in: ders., Politische Theologie heute. Aktualisierungen und Konkretionen eines theologischen Programms, Freiburg i.Br. 2017, 116–141; vgl. für eine modernetheoretische Einordnung des Authentizitätsdiskurses exemplarisch: *Ch. Taylor*, Das Unbehagen an der Moderne, Frankfurt a.M. 1995, 34–39 (= Kapitel 3: Die Quellen der Authentizität).

[8] Das Zitat stammt aus dem Text des 2018 erschienenen Songs „Ein schöner Tag (schade, dass Krieg ist)" der deutschen Band *BRETT*.

[9] *I. Kant*, Anthropologie in pragmatischer Absicht (Werke in zehn Bänden 10), hrsg. v. Wilhelm Weischedel, Frankfurt a.M. 1974, 601 (= § 78).

[10] Ebd., 600 (= § 78).

[11] *H. Rosa*, Resonanz. Eine Soziologie der Weltbeziehung, Berlin 2016.

[12] *I. McEwan*, Kindeswohl, Zürich 2015, 11.

[13] Das Zitat entstammt dem Refrain des 2016 veröffentlichten Songs ‚Heathens' der US-amerikanischen Band *Twenty One Pilots*.

[14] Exemplarisch vgl. *B. Meuser/J. Hartl/K. Wallner* (Hrsg.), Mission Manifest. Die Thesen für das Comeback der Kirche, Freiburg i.Br. 2018.

[15] So der Titel eines Buchs von Martin Lichtmesz, einem Vordenker der Identitären Bewegung im deutschsprachigen Raum.

[16] Das ist der *spin*, den Papst Franziskus seinen Forderungen nach leidenschaftlichem Zeugnis gibt – diese Leidenschaft führt aus dem Zentrum an die Ränder und in die Anfragen, d.h. sie steht so nicht in der Gefahr, sich an sich selbst zu berauschen und zu stabilisieren.

Glaubenszeugnis gegenüber nichtreligiösen[1] Menschen?

Jörg Splett

1. Anthropotheologie?

Das Arbeitsprogramm meines akademischen Forschens und Lehrens, seinerzeit auch Thema meiner Antrittsvorlesung an der Hochschule Sankt Georgen in Frankfurt am Main, ebenso der „Nebentätigkeit“ in der Erwachsenenbildung, bei Lehrern und Priestern, seit 1985 auch zunehmend mit Schülern, trägt den Doppeltitel „Anthropotheologie“[2]. Vom Menschen reden bringt auch Gott zur Sprache, wie umgekehrt zur Gott-Rede dessen Bezug zum Menschen gehört. – Nun muss Religion nicht „ordo ad Deum“ sein: Sie gibt es auch poly- oder pantheistisch. Paul Josef Kardinal Cordes bezieht sich für die Christen in Deutschland auf das Umfrageergebnis, dass „die hohe Zahl von 85 Prozent Gott nicht als ein personales Du bekennen; nur 12 Prozent der Evangelischen und 16,2 Prozent der Katholiken erfahren Gott als ein Du.“[3] Nach seinem bekannten Distichon hat Friedrich Schiller sich religionslos mit Religiosität begnügt.[4]

> „Welche Religion ich bekenne? Keine von allen,
> Die du mir nennst! ‚Und warum keine?‘ Aus Religion.“

Und heute braucht eine wachsende Zahl von Zeitgenossen nicht einmal dies. – Dazu sei mein Lehrer Karl Rahner zitiert:[5] „Es könnte (wer kann es wissen; auch das Absurde darf vom Christen gedacht werden) sein, dass die Menschheit sich tatsächlich einmal biologisch zurückkreuzt auf die Stufe einer technisch intelligenten und selbstdomestizierten Australopithekusherde oder eines Insektenstaates ohne den Schmerz der Transzendenz, Geschichte und den Dialog mit Gott, also sich selbst durch kollektiven Selbstmord auslöscht, auch wenn sie biologisch weiterbestünde [als Mensch?]."

2. Abschied von Gott?

Schon in Verteidigung geraten, trifft mich die Frage, warum, wieso die Menschen sich derart von Gott abgekehrt haben. Und die Antwort drängt sich auf: Weil quer durch die Bibel und durch die christlichen Jahrhunderte hindurch Gott als der Strafende vorgestellt worden ist. In einer „Kurzexegese" des dritten Kapitels des Buches Genesis, das dem Sündenfall gilt, hat der Paderborner Alttestamentler Michael Konkel die Unterscheidung von Sündenfolge und Strafe für die Sünde herausgestellt.[6] Die Schlange wird verflucht, Adam getadelt, Eva wird nur die Folge ihres Verhaltens mitgeteilt. In der Bibel selbst jedoch ist nur und ständig von seinem Strafen die Rede, und so geht es, wie gesagt, in der christlichen Tradition fort. „Mutter Kirche" stellt ihren Kindern Gott als drohend vor. („[K]leine Dinge bestrafe er hier, die großen Dinge in der Hölle als Straflager, für ewig" – statt dass deren Tore [C.S. Lewis] „von innen zugeschlossen" wären.) Unsereins hat das noch in der eigenen Kindheit erlebt. Und wir erleben jetzt den Ausschlag des Pendels in die entgegengesetzte Richtung. (Die Wahrheit steht ja nicht einfach zwischen den Extremen, sondern über ihnen.)

3. Glaubenszeugnis?

Wie nun, lautet die Frage, in solcher Lage den Glauben bezeugen? – Grundsätzlich gilt: Überzeugen können einzig überzeugte Zeugen. Dabei haben auch die sich der Tatsache bewusst zu sein, dass sie nicht folgenlos Kind ihrer Zeit sind. Gestoßen bin ich darauf bei der Rezension der „Religio"-Bände Ernst Feils (etwa im Für und Wider der Aufklärungszeit).

An erster Stelle steht, auch bei den überzeugten Zeugen, nicht ihre Überzeugung und deren Verlautbarung, sondern die ruhige Selbstverständlichkeit, mit der sie ihren Glauben leben, in Ehe und Familie, an ihrem Arbeitsplatz, im Freundes- und Bekanntenkreis. Auch in sich ergebenden Disputen würde ich – gemäß dem Eingangsprogramm – nicht zuerst an Theologie denken, sondern an (freilich christlich gefärbte, weil so verdankte) Philosophie, die ihren Ort im gemeinsamen Feld von Gläubigen und Ungläubigen innehat. Hier geht es um Grunderfahrungen, um Grundfragen, Grundängste, Grunderwartungen und -hoffnungen. Von einer *anima naturaliter christiana* gehe ich nicht aus. *Anima religiosa?* – Dafür wäre Religion zu bestimmen. Cicero erklärt den Namen von *relegere* = wiederholt lesen und *religare* = Rückbindung. Im Blick auch auf „Pseudo-Religionen" – in Sport, Theater, Kunst, Musik, Esoterik … – möchte ich das gelten lassen. „Woran glaubt, wer nicht glaubt?" war der Titel eines in Italien viel beachteten Buchs, in dem Umberto Eco und Carlo Martini sich austauschten. Seit 1999 liegt es auch als deutsches Taschenbuch vor.

Man sollte bedenken, dass der Christenglaube zwei Sphären kennt. Manche reden von Stockwerken, ich würde lieber von Äußerem und Innerem sprechen. Das Äußere teilen wir mit den beiden anderen Schöpfungsreligionen, das Innere ist für sie skandalös und blasphemisch (Paulus: eine Torheit und ein Ärgernis).

Für „Philosophie" plädiere ich auch darum, weil man Gedankenlosigkeit und Oberflächlichkeit nicht für normal halten sollte. Ich verzichte auf Kritik an heutiger Erziehung, daheim wie in unseren Schulen, weil man dazu genug lesen kann. Gemeint ist nicht Fachlichkeit, sondern gesunder Menschenverstand und grundsätzliches Wohlwollen. Und ehe man Tierrechte einführt, steht Respekt vor der unverlierbaren Würde eines jeden Menschen an. Dann aber auch, an zweiter Stelle, der Sinn für den Wert von Dingen, Lebendigem und Menschlichem. Über dem Nutzwert steht hier der moralische Wert. Nach Thomas von Aquin wie Immanuel Kant geht es dabei um den guten Willen.

Dazu ist für mich ein Richtmaß sittlichen Werts der Sinn eines Menschen für Dank und Dankbarkeit. Darum hat es mich sehr bewegt, bei dem österreichischen Nobelpreisträger Elias Canetti zu lesen (was mich mit vielem von ihm versöhnt): „Das Schwerste für den, der an Gott nicht glaubt: dass er niemanden hat, dem er danken kann.“[7] – Dem werden nun Erfahrungen entgegengehalten, für die man eigentlich nur, wie die Redensart lautet, „sich bedanken“ könne: ein Übermaß an Leid und Schmerz und Unglück in Welt und Geschichte.

4. Der Fels des Atheismus?

Der Ausdruck findet sich in Georg Büchners Drama „Dantons Tod“.[8] Die Revolution hat begonnen, ihre Kinder zu fressen. Im Pariser Rathaus erwarten sie die Fahrt zur Guillotine – und der eine oder andere kommt am frühen Morgen in Versuchung, sich doch wieder an Gott zu wenden. Daraufhin springt ihnen der Gemeinderat Chaumette bei: „Nur der Verstand kann Gott beweisen, das Gefühl empört sich dagegen. Merke dir es, Anaxagoras, warum leide ich? Das ist der Fels des Atheismus. Das leiseste Zucken des Schmerzes, und rege es sich nur in einem Atom, macht einen Riß in der Schöpfung von oben bis unten.“

Der Kernsatz wird immer wieder, gerade von Theologen, zitiert; doch ob ihnen immer der Kontext bekannt ist? Dabei dürfte auch hier ein Grund der neuen Konjunktur des Theodizeethemas liegen, zumal sie – statt etwa zu einer Fülle von Theodizeen – zu deren fast einhelliger Verwerfung im Chor der Stimmen geführt hat.

Während bei theologischen Wortmeldungen mitunter eine eigentümliche Gereiztheit und Entrüstung an verborgene Gottes-Ressentiments denken lassen, scheint philosophischerseits nach dem Abschied von einem hochgemuten „postulatorischen" Atheismus im Namen souveräner Freiheit (des Einzelnen oder der Klasse) die Abwehr auf diesen „Felsen" zurückgenommen, um sich von vornherein gegen die „Obszönität" möglicher Anerkennung Gottes abzusichern.

Natürlich sind Leid und Bosheit eine Klippe, ein Stein des Anstoßes gerade für den Glaubenden. Und er sieht sich für sich selber wie im Namen des von ihm geglaubten Gottes dazu verpflichtet, „Rechenschaft von seiner Glaubens-Hoffnung zu geben" – und zwar „jedem, der fragt" (1 Petr 3,15). Fordert Achtung vor dem Leiden Selbstrücknahme, so die Ehre Gottes das Zeugnis.

Dabei ist vorweg dem Büchner-Wort auch der Hinweis auf das Gefühl zu entnehmen. C. S. Lewis, der nach dem Tod seiner Frau über Gott als Sadisten sinniert, ruft sich am folgenden Morgen zur Ordnung: „Es war mehr Aufschrei als Gedanke ... Warum gebe ich im Geist solchem Schmutz und Unsinn Raum? Hoffe ich weniger zu fühlen, wenn sich das Gefühl als Denken verkleidet? Sind all diese Aufzeichnungen nicht das sinnlose Sichwinden eines Mannes, der die Tatsache nicht wahrhaben will, daß sich mit Leid nichts anderes tun läßt, als es eben leiden?"

Dem Gefühl ist in der Tat mit Denken zu begegnen. Auch dies ein Grund für die Anti-Theodizeen-Konjunktur in antirationalen Zeiten. – Doch natürlich wäre bloßes Denken machtlos gegenüber dem Gefühl. Und selbst in einer theoretischen Erörterung, wie jetzt und hier unternommen, geht es nicht um bloßes, sondern um gewissenhaftes Denken: intellektuelle Redlichkeit.

Angefragt wird der Glaube seit je, von „innen“ wie „außen“: Der Gläubige fragt sich und er fragt seinen Gott. Und er hält seinem Gott die Frage der anderen an sich vor. So der Beter des 42. Psalms: „Tränen mein Brot bei Tag und bei Nacht; denn man sagt zu mir den ganzen Tag:,Wo ist nun dein Gott?‘“ Führte dies früher den Glaubenden dazu, mit Gott zu hadern, so rechtfertigt es heute seine Leugnung.

Wenn es dazu aus *science*-Sicht heißt, man habe die mangelnde Stringenz der Gottesbeweise erkannt, so wäre in existentieller Perspektive zu sagen, der Glaube habe sich verloren. (Das meint natürlich nicht die unzugängliche innerpersonale Dimension, sondern deren Außenaspekt, im Sinn der Unterscheidung von „glaubend“ [= vermutend] und „gläubig“ – gerade in traditionellen „Milieus“.) So hat Max Scheler zum Schwund des Unsterblichkeitsglaubens bemerkt:[9] „Was ist der Grund? Viele meinen, es sei das, was sie den,Fortschritt der Wissenschaft‘ nennen. Die Wissenschaft aber pflegt eben nur der Totengräber – nie die Todesursache eines religiösen Glaubens zu sein.“

Dann wird auf die schrecklichen Erfahrungen des vorigen Jahrhunderts hingewiesen: Völkermorde, Krieg, Vertreibung, mit dem Höhepunkt der Shoa, für die der Name „Auschwitz“ steht. Bekannt ist die Wirkungsgeschichte von Theodor W. Adornos Verdikt über Lyrik danach am Ende seines Aufsatzes „Kulturkritik und Gesellschaft von 1951“.[10] Vor der Breite der Antworten jüdischer Theologie sollte der christliche (und zudem deutsche) Philosoph sich wohl auf respektvolle Kenntnisnahme beschränken. Ja, erst einmal zu schweigen hätte er sogar zu einem Satz wie dem Elie Wiesels: „Der nachdenkliche Christ weiß, daß in Auschwitz nicht das jüdische Volk gestorben ist, sondern das Christentum.“ Aber schon hier kann er nicht auf Dauer schweigen – nicht um seinet- oder der Christenheit willen, doch wegen des Namens Jesu Christi.

Vollends anders steht es im Blick auf christliche Theologen, vorzüglich nachgeborene Deutsche. Hier drängt sich die Rückfrage auf, ob solche Autoren erst des Massenmords bedürfen, um auf Fragen zu kommen, die das Hungerweinen eines einzigen Kleinkindes aufwecken müsste, von Schlimmerem durch die Geschichte seit Abel zu schweigen. Wo bleiben die Opfer *vor* Auschwitz? (Und wo wird dabei Kains gedacht, der doch sich selber Ärgeres angetan hat als seinem Bruder?) Zu Auschwitz aber erinnert Johann Baptist Metz an die Beter damals *im* Lager.[11] Ein anderes ist die Erinnerung an den Verlust einer Gebetsart, die wir Christen von den Juden neu zu lernen hätten: der Klage und An-Klage an Gott selbst. – Derartiges zu hören, statt eigentlich unwürdiger und uns selbst wie Gott beleidigender Schmeicheleien[12], könnte Atheisten wie Agnostiker auf neue Gedanken bringen.

5. Jemand und Etwas

Schon im ersten Absatz ist uns das Wortfeld des Personalen begegnet. Das will ich umgehen, weil es mit einer Fülle von Problemen belastet ist, die das Sachthema überlagern. Man nehme etwa den großen Artikel „Person“ im Historischen Wörterbuch der Philosophie[13], der zunächst etymologisch vorgeht, mit einer wandlungsreichen Sprachgeschichte durch verschiedene Kulturen. Mit dem Wort „jemand“ ist ein Selbstverhältnis gemeint. Hannah Arendt hat es so ausgedrückt, dass jede(r) mit sich selbst, also zu zweit lebe. Sie zitiert Shakespeares Richard III., der mit sich im Streit liegt,[14] und schreibt auf sich selbst bezogen, im Rückgriff auf Sokrates („es ist besser, mit der ganzen Welt uneins zu sein, als, Einer seiend, mit sich selbst uneins zu sein") und im Blick auf Leute, „die sich weigerten, am totalitären Übel [Hitlers] mitzuwirken – die sich selber sagten:‚Das kann ich nicht tun'":[15] „Oder anders gesagt:‚Ich könnte nicht mit mir leben, wenn ich das täte; eher ertrage ich alle Folgen, als mit einem Mörder oder Verleumder zu leben'; selbst wenn die ganze Welt sagen würde:‚Du sollst töten', es wäre besser[,] mit der Welt uneins zu sein als mit mir selbst."

Diese Möglichkeit macht die Würde des Jemand im Unterschied zu einem bloßen Etwas aus. Könnte also eine höchste Autorität ein pures Etwas sein (unter unserem Niveau wie die Schwerkraft, der zu unterliegen uns nicht aufregt)? Warum aber wehren so viele die Idee der Autorität eines Jemand ab? Wer sie vorbringt, provoziert fast reflexiv das Urteil „anthropomorph". In der Tat treffen wir nur unter Menschen auf Jemande / Personen. Und beim zweiten Wort erhält die reine Fakten-Information bezeichnenderweise eine doppelte Bewertung: wie eine respektvoll anerkennende auch eine abwertende, despektierliche („Sie – Person, Sie!").

Eine Dokumentation zum letzten Konzil hatte den Titel „Autorität der Freiheit".[16] Was, in der Tat, sollte man sich unter einer unfreien Autorität denken? Und doch: In unserem vielfach eingeschränkten Leben ist es ein zusätzlicher Stachel. dass die faktischen Grenzen keineswegs so verlaufen müssen, wie sie es tun. Also waltet hier Willkür? – Aristoteles hat sich in seiner *Politeia* die Frage gestellt, „ob es besser sei, vom besten Mann oder von den besten Gesetzen beherrscht zu werden. Trotz bedenkenswerter Gegengründe hat er schließlich zugunsten des Gesetzes entschieden, da „der Gerechtigkeitssinn es ist, der einen nach einer unparteiischen Instanz suchen lässt".[17]

Aber woher kommt ein Gesetz? In der Neuzeit hat sich als Gottesname durch Baruch Spinoza *causa sui* durchgesetzt.

Für einen „Ontosaurus metaphysicus" ist das ein Unfug. Thomas von Aquin nennt den Freien zwar nicht bloß *sui causa* (Ablativ, mit langem a = [I. Kant]: „Selbstzweck"), sondern auch *causa sui;* doch stets mit einem *quasi* o.ä., weil wir uns zu dem/der machen, was wir am Ende sind; aber als Gottesname schlage ich vor: „Wovonher des uns treffenden kategorischen Imperativs".

6. Verpflichtet

Dieses „Je-schon" der Verpflichtung hat vor allem Emmanuel Levinas unermüdlich eingeschärft. Man bemängelt nicht grundlos seine rigoristische Einseitigkeit;[18] das jetzt Gemeinte aber lässt sich wohl jedem überzeugend vermitteln – an der klassischen Bestimmung von Gerechtigkeit: „Steter Wille dazu, jedem das Seine zu geben." Man kann das schlecht formuliert finden – so Arthur Schopenhauer, der darum verbessert: „Keinem das Seinige nehmen."[19] Wörtlich genommen, besagt es indes, man selbst habe, statt bloß das Eigene, stets schon, was anderen gehört: was man dem Gegenüber als das Seine zu „restituieren" hat.

In moralischer Perspektive klingt das erschreckend (wie der Fund des Silberbechers in Benjamins Kornsack – Gen 44). – Liebe lasse sich nicht gebieten, sagt man? „Eine oberflächliche Weisheit!"[20] Ihr Gebot trifft mich unabweisbar, und zwar gerade durch die „Nacktheit" des Gesichts. Sie fordert Antwort. Und dies dringend. Man gibt mir nicht erst Bedenkzeit, um zu überlegen, ob ich Verantwortung übernehmen und „mich engagieren" solle. Vielmehr finde ich mich schon inmitten der Situation, in sie verwickelt. Statt erst etwas zu übernehmen, bin ich schon vereinnahmt. Ich bin nicht mehr frei – und war ich es je?

Soweit ich zurückgehen mag, entdecke ich mich als schon in Beschlag genommen. Und nicht einmal dies trifft es ganz; denn eigentlich finde ich gar nicht mich, sondern den Anderen in seinem Anspruch an mich. (Nicht bloß ethisch, auch und gerade die Liebe will / soll als Liebe erkannt sein.) – In diesem Sinn wird das Gute nicht erst gewählt, „es hat sich vielmehr des Subjekts bemächtigt". Man ist zur Antwort verpflichtet. „Zur Verantwortung verpflichtet sein, das hat keinen Anfang."[21] Es gibt keine Flucht und Ausflucht davor, die nicht „Fahnenflucht"[22] wäre. Derart ist das Ich Leibbürge, Geisel[23], ja (statt zu besitzen) geradezu besessen.[24]

Levinas selbst stellt die Frage: „Sich der Verantwortung nicht entziehen zu können, ist das nicht Knechtschaft?"[25] Nein; denn es gibt weder jemand, der knechtet, noch irgendwen, der zu knechten oder geknechtet wäre. „Der Gehorchende findet ... seine Integrität. Der Anspruch weckt mich zu meinem unersetzlichen Da-sein: nicht so sehr [ein] Ich, als vielmehr [hautnah] ich. Das heißt Erwählung: „mit Namen gerufen" werden. Und den gibt es nicht etwa schon: man erhält ihn wie sich selbst. Darum kann hier „vielleicht", notiert der Philosoph behutsam, „von der *creatio ex nihilo* gesprochen werden".[26]

Wie lässt sich verstehen, dass der bedingt-begrenzte Mensch derart unbedingt, kategorisch beansprucht wird? Ethisch: Genügt es, faktisch zu tun, was der Imperativ fordert, oder wäre das Tun nicht zugleich / zuvor als Antwort auf diesen Anspruch zu vollziehen? – In seiner Doppelgestalt von Einsichtigkeit und kategorischer Verpflichtung kann der Anspruch nicht von Sachgegebenheiten noch aus einem „Wertehimmel" ergehen, sondern einzig von freier Person-Wirklichkeit. Nicht einer solchen, die ihrerseits unter diesem Du-Sollst stünde – das schöbe die Frage nur weiter –, sondern sie muss von Wesen gut und heilig sein: das Gute / Heilige in Person.

Was Levinas eine Passivität jenseits der Passivität nennt,

möchte ich als Medialität bezeichnen. Wobei das Medium nicht als dritte Aktionsart, sondern als erste zu zählen wäre: Im Deutschen müssen wir es durch „Lassen" umschreiben: Sich betreffen, überzeugen ... lassen.[27] Reinhard Lauth hat dafür – in Ergänzung zur Evidenz – das Wort „Sazienz" geprägt (vom mittellateinischen *sacire* – ergreifen, fortlebend im französischen‚saisir')[28], Sich ergreifen lassen. Und dies ist – statt Aktiv und Passiv – der eigentliche Grundvollzug von Freiheit in all ihren Feldern: ethisch, religiös, ästhetisch, erotisch ...

7. Gewissens-als Gotteserfahrung

In seiner berühmten Apologie hat John Henry Newman – wir kommen nochmals auf den „Fels des Atheismus" zurück – einbekannt: „Wenn ich in einen Spiegel blickte und darin mein Gesicht nicht sähe, so hätte ich ungefähr dasselbe Gefühl, das mich jetzt überkommt, wenn ich die lebendige, geschäftige Welt betrachte und das Spiegelbild ihres Schöpfers nicht in ihr finde ... Wäre es nicht diese Stimme, die so deutlich in meinem Gewissen und in meinem Herzen spricht, ich würde bei der Betrachtung der Welt zum Atheisten, Pantheisten oder Polytheisten." [29]

Man könnte zunächst von einem Sinn für (gebotene) Fairness sprechen. Bis zur Beobachtung bei mehrmonatigen Kindern, die mit Befremden darauf reagieren, wenn man ihnen ein Video unfairen Umgangs mit Gleichaltrigen zeigt.

Angesichts dessen, dass der Christ keine befriedigende Antwort auf die Theodizeefrage hat, mache ich zunächst einen sprachlichen Vorschlag: zwischen Widerspruch und Unvereinbarkeit zu unterscheiden. Einander widersprechende Sätze können nicht beide wahr (oder falsch) sein. (Ist die Zahl der Sterne oder Galaxien jetzt gerade oder ungerade?). Anders bei unvereinbaren Behauptungen. Sie offenbaren die Grenzen unseres Erkennens / Verstehens. Unvereinbar sind für mich die Sätze von Gottes Einzigkeit und seiner Wirklichkeit in drei Personen, aber auch die von seiner Allmacht-Güte und dem grassierenden Übel. Das zweite gehört keineswegs zum „Kern des Glaubens", sondern dringt, als Anfechtung seiner, von außen auf ihn ein. Darum bleibe ich bei der Doppelfrage des Boethius und dem Unterschied der Antworten auf die beiden Fragen: *„Si Deus est, unde mala* – Woher das Übel, wenn Gott ist?" So vieles sich dazu anführen lässt, letztlich muss ich eingestehen, dass ich es nicht weiß. *„Bona vero unde, si non est* – Woher aber das Gute, wenn Er nicht ist?" Hier *weiß* ich: Wenn uns im Tod nicht Gott erwartet, sondern man uns nur auf unsere Fragen

> … mit einer Handvoll
> Erde endlich stopft die Mäuler[30]

gibt es ernsthaft kein Gutes (und so hätte ich, weil nicht zu verantworten, keine Kinder).

Nun aber gibt es Gutes, und zwar allererst in der Gnadenerfahrung des Gewissens. Mit Emmanuel Levinas: „Er überhäuft mich nicht mit Gütern, sondern drängt mich zur Güte, besser als alle Güter, die wir erhalten können."[31]

Sodann erfahren wir Gutes von Mitmenschen. Drittens haben wir zu danken dafür, dass auch uns selbst immer wieder geschenkt wird, gut zu sein. Auch die Demut darf man ja nicht übertreiben (nur lieben können / sollen wir immer mehr).

Damit sind wir wieder beim Anfang: Lebens-Zeugnis.

Anmerkungen

1 Frage vor einiger Zeit in einer Katholischen Akademie: Der religiöse Mensch – Friedensengel oder Feuerteufel?

[2] *J. Splett*, Konturen der Freiheit. Zum christlichen Sprechen vom Menschen, Frankfurt a.M. 1974, Kap. 6. Befreiendes Reden vom Menschen: Anthropotheologie.

[3] *P. J. Kardinal Cordes*, Dein Angesicht Gott suche ich, Illertissen 2017, 31.

[4] *F. Schiller*, Sämtliche Werke, hrsg. v. G. Fricke und G. Göpfert, München [5]1973, I, 307.

[5] *K. Rahner*, Schriften zur Theologie VIII, Einsiedeln 1967, 283 (Experiment Mensch).

[6] *M. Konkel*, „Und sie erkannten, dass sie nackt waren" (Gen 3,7). – Ganzheit und Disproportion des Menschen aus der Sicht des Alten Testaments, in: B. Wald (Hrsg.), Freiheit und Bindung. Zur Ambivalenz menschlicher Sexualität, Paderborn 2015, 13–41.

[7] *E. Canetti*, Das Geheimherz der Uhr. Aufzeichnungen 1973–1985, Frankfurta.M. 1990, 126 (München 1982).

[8] *G. Büchner*, Werke und Briefe. Münchner Ausgabe, hrsg. v. K. Pörnbacher, G. Schaub, H.-J. Simm und E. Ziegler, München [7]1999, 67–133, 107 (III. Akt, 1. Szene).

[9] *M. Scheler*, Schriften aus dem Nachlaß I, Bern 1957, 12.

[10] *Th. W. Adorno*, Gesammelte Schriften in zwanzig Bänden, Frankfurt a.M. 1970–1986, 10, 1, 11–30, 30.

[11] Andererseits gibt es angelsächsische Verteidigungen, die auf Zynismus hinauslaufen: Auschwitz als „Soulmaking". Statt Gott zu verteidigen, sollten die Gläubigen auf seine Selbstrechtfertigung verweisen. Im Koran erlebt das Mose (Sure 18,65–82); in Joh 16,23 verspricht Jesus: „An jenem Tag werdet ihr mich nichts mehr fragen."

[12] Nur zwei Beispiele: a) aus einem Tischgebet: „Alles, was lebt, sättigst du mit Wohltaten." b) aus einem Weihnachtslied Gotteslob Nr. 247: α) „nackt und bloß in einem Krippelein" (Lk 2,12: „in Windeln gewickelt"); β) zum Paradies „der Kerub steht nicht mehr dafür" (kein Kommentar).

[13] *M. Fuhrmann/B. Th. Kible*, Person, in: HWP 7, Darmstadt 1989, 269–389.

[14] *H. Arendt*, Vom Leben des Geistes 1, Das Denken, München 1979, 188.

[15] *W. Heuer/B. Heiter/St. Rosenmüller* (Hrsg.), Arendt Handbuch, Stuttgart, Weimar 2011, 284.

[16] *J. Chr. Hampe*, Autorität der Freiheit. Gegenwart des Konzils und Zukunft der Kirche im ökumenischen Disput, 3 Bd.e, München 1967.

[17] *Aristoteles*, Politeia, III, 1286 a 8 f., 1287 b 4 f.

[18] Den Geboten voraus und zugrunde liegt die Befreiung aus dem Sklavenhaus.

[19] *A. Schopenhauer*, Über die Grundlagen der Moral § 17: SW (W.V. Löhneysen), Darmstadt 1980, III, 750.

[20] *A. Finkielkraut*, Die Weisheit der Liebe, Reinbek bei Hamburg 1989, 34.

[21] *E. Levinas*· Die Spur des Anderen, hrsg. v. W.N. Krewani, Freiburg i.Br./München 1963, 77.

[22] Ebd., 74.

[23] Vgl. ebd., 72.

[24] Vgl. *E. Levinas*: Jenseits des Seins oder anders als Sein geschieht, hrsg. v. Th. Wiemer, Freiburg i.Br./München 1992, Sachregister: Besessenheit, Obsession.

[25] Vgl. *E. Levinas*· Humanismus des anderen Menschen, hrsg. v. L. Wenzler, Hamburg 1989, 74.

[26] Ebd., 78.

[27] Doch haben wir auch „mediale" Wörter, so – im Unterschied zum passiven „leiden" – „dulden" (sich gefallen lassen).

[28] *R. Lauth*, Ethik in ihrer Grundlage aus Prinzipien entfaltet, Stuttgart/Berlin 1969, 31.

[29] *J. H. Newman*, Apologia pro vita sua. Geschichte meiner religiösen Überzeugungen, hrsg. v. M. Knoepfler, Mainz o.J. [1951], 278f. Ein Bibelbeleg für diesen Ansatz: Dtn 30,11–14. Gottes Wort muss nicht vom Himmel geholt werden noch von jenseits des Meeres. „Nein, das Wort ist ganz nah bei dir, es ist in deinem Mund und in deinem Herzen." (Sure 50,17: Gott uns näher als die Halsschlagader.)

[30] *H. Heine*, „Zu Lazarus", in: Sämtliche Schriften, hrsg. v. K. Briegleb, München 1968; VI/1, 202.

[31] *E. Levinas*, Gott und die Philosophie, in: Gott nennen. Phänomenologische Zugänge, hrsg. v. B. Casper, Freiburg i.Br./München 1981, 81–123, 107. Levinas hat den Text in seinen Sammelband „De Dieu qui vient à l'idée", Paris 1982, 114, aufgenommen: „Il ne me comble pas de biens, mais m'astreint à la bonté, meilleure que les biens à recevoir." (Dessen Übersetzung – Wenn Gott ins Denken einfällt, Freiburg i.Br./München 1985 – spart ihn aus.)

Das Leben teilen und feiern – mit Christen und Nichtchristen

Reinhard Hauke

„Ich kann nicht glauben, auch wenn ich alles von der christlichen Religion weiß“ – sagte mir ein Erfurter, der seinen Sohn zur „Feier der Lebenswende“ angemeldet hatte. Diese Feier für ungetaufte Jugendliche entstand 1998, als nach der Wende weiterhin die sogenannte Jugendweihe durch bürgerliche Vereine angeboten wurde. Etwa 1959 hatten die Kommunisten im Osten Deutschlands die Jugendweihe erfunden, um einen Gegenangriff zur Firmung und Konfirmation zu starten, der uns Christen viele Gewissensnöte gebracht hat. Das damalige Gelöbnis zum atheistischen System des Sozialismus und Kommunismus konnte ein Christ nicht sprechen, denn es bedeutete ja: Abfall vom Christentum. Wer das Gelöbnis unter „Furcht und Zwang“ gesprochen hatte, dem sich keinerlei Feier der Familie anschloss, konnte sich sagen: Ein erzwungenes Gelöbnis hat keine Gültigkeit. Diese Tradition der Jugendweihe setzte sich bis zur Wende fort und wurde für viele Ostdeutsche eine Familientradition. Mit dem Wegfall des kommunistischen Staatssystems 1989 konnte ein solches Gelöbnis nicht mehr erzwungen werden. Jedoch war eine Familientradition entstanden, die man nicht aufgeben wollte. So entstand der Wunsch nach Fortführung der Tradition „Jugendweihe“, und bürgerliche Vereine bedienen diesen Wunsch bis heute. Sie können davon gut leben.

Seit 1998 besteht nun durch die katholischen Pfarreien in den Städten Ostdeutschlands, in denen z. B. ungetaufte Jugendliche in katholische Gymnasien gehen, die Möglichkeit zur Teilnahme an dieser „Feier der Lebenswende". Dabei sind die Jugendlichen eingeladen, zur Vorbereitung der Feier, die zwischen Ostern und Pfingsten in den Kirchen stattfindet, über ihr bisheriges Leben zu reflektieren, die „Grundlinien" herauszufinden, die sie geprägt haben, um danach Texte zu formulieren, mit denen sie die Veränderungen in ihrem Leben beschreiben können. Sie sind gebeten, Gegenstände aus ihrem bisherigen Leben mitzubringen, die ihnen wichtig geworden sind. Die Gegenstände reichen von Puppen und Teddys bis hin zu Musikinstrumenten, Sportgeräten und Büchern. Es werden die Wünsche für die persönliche Zukunft und die Veränderungen in der Gesellschaft vorgetragen. In einer Ansprache wird das christliche Motiv für die Themen benannt, die von den Jugendlichen angesprochen werden: Liebe, Freundschaft, Treue, Familie, Frieden und Bewahrung der Schöpfung. Mit einem Segen werden die Jugendlichen nach der Übergabe einer Urkunde entlassen. Sie haben Kirche und Pfarrei kennengelernt und damit Schwellen überschritten, die sie vermutlich sonst nicht überschritten hätten. In Erfurt sind es jährlich 70 bis 90 Jugendliche, die sich auf die „Feier der Lebenswende" vorbereiten lassen. In Halle sind es bis zu 600 Jugendliche, die durch einen Diakon und zahlreiche ehrenamtliche Helferinnen und Helfer das Fest vorbereiten und durchführen.

„Wie viele hast Du danach getauft?" – fragen die Gesprächsteilnehmer, wenn das Projekt vorgestellt wird. Obwohl die Taufe nicht das erste Ziel des Projektes ist, kann doch von Taufen berichtet werden, die dann Jahre später gespendet werden, wenn auch weitere Impulse des christlichen Lebens den Jugendlichen und Erwachsenen geschenkt wurden. Der eingangs genannte Vater berichtete mir kürzlich, dass sein Sohn und ehemaliger Teilnehmer an der

„Feier der Lebenswende“ Ostern 2017 – nach 10 Jahren – getauft wurde. Er hatte bei der Bundeswehr einen guten Militärseelsorger gefunden, der ihm den Wert des Christentums noch tiefer erschließen konnte. Beim Bericht war der Stolz des Vaters zu spüren. Er selbst hatte ja den Weg zum Christentum (noch) nicht gefunden, aber sein Sohn war ihm dabei schon einen Schritt voraus. Seit 1998 waren es ca. fünf Jugendliche, von denen ich es sicher weiß, dass sie in der katholischen oder evangelischen Kirche getauft wurden. Auch Eltern der Teilnehmer haben dadurch den Weg zur Kirche gefunden. Sie sind dann meistens einen Weg gegangen, den sie sich schon lange vorgenommen hatten, aber den sie nicht finden konnten, weil es ihnen an Kontaktmöglichkeiten zur Kirche fehlte. Das gibt mir immer zu denken. Was sind die Kontaktmöglichkeiten zur Kirche? Reichen die Homepages der Kirchengemeinden? Findet man dabei wirklich einen konkreten Ansprechpartner? Bei Aushängen von Kirchengemeinden in Amerika und Frankreich konnte ich lesen, dass es konkrete Kontaktpersonen dafür gibt. Mit Name, Bild und Telefonnummer werden sie vorgestellt. Das finde ich in Deutschland nur sehr selten. Die Internetseite *www.katholisch-werden.de* ist jedoch ein gutes Angebot. Diese Internetseite zeigt einen jungen Mann vor einem vermauerten Kirchenportal. Für ihn besteht noch keine Chance zum Eintritt. Er braucht eine konkrete Kontaktperson – einen Zeugen und Engel, wie es schon von den Anfängen der Kirche an war.

Weiterhin lassen sich Bürgerinnen und Bürger der Stadt Erfurt am Heiligabend in den Dom zum sogenannten Nächtlichen Weihnachtslob einladen. 1987 wurde es erstmalig gefeiert, nachdem den Seelsorgern auf dem Domberg bewusst wurde, dass die Mehrzahl der Teilnehmer an der Christmette mit dem Bischof Nichtchristen waren. Zu den etwa 300 Katholiken kamen bis zu 1.000 junge Menschen dazu, die durch ihre leisen Gespräche für die Katholiken zu einem „Störfaktor“ wurden. Die jungen Menschen selbst aber waren ratlos angesichts der Lieder und Texte, die zwar in deutscher Sprache, aber eben mit religiösen Vokabeln gesprochen wurden, für die ihnen das Verständnis fehlte. Die mutige Entscheidung des Bischofs führte dann zu einer zeitlichen und örtlichen Verlegung der Christmette in die Nachbarkirche St. Severi, der sich dann zeitlich im Dom eine eigene Feier für alle anschloss, die gegen 23 Uhr auf den Domberg kamen und bisher in der Christmette keine entsprechende Ansprache gefunden hatten. Das Nächtliche Weihnachtslob wird musikalisch durch den Domorganisten und eine evangelische Bläsergruppe begleitet. In einem im Dom ausgelegten Buch können die Besucher des Domes im Advent ihre persönlichen Anliegen eintragen, die dann im Weihnachtslob vorgetragen werden. Sie unterscheiden sich von üblichen Fürbitten durch das Nennen von Namen und Orten. Wenn auch die Menschen mit den genannten Namen nicht im Gottesdienst anwesend sein können, so wird doch deutlich, dass es uns im Gottesdienst immer um konkrete Menschen heute geht, deren Anliegen durch die Kirche vor Gott gebracht werden. Die Ansprache von fünf Minuten durch den Weihbischof ist eine große Herausforderung, denn es geht ja darum, das Weihnachtsgeheimnis auf „mitteldeutsch“ zu verkünden, d. h. an Erfahrungen der Thüringer und Erfurter anzuknüpfen, die mit Kirche keinen oder nur gelegentlich Kontakt haben und doch zu dieser mitternächtlichen Zeit in den kalten Dom (ca. 6 Grad Celsius) für 45 Minuten gekommen sind. Anknüpfen kann der Prediger an den Erfahrungen mit der Darstellung der Engel, des Christbaumes oder der Weihnachtslieder, die ja vielfach auch die biblische Weihnachtsbotschaft beinhalten. Teilweise wurden diese Weihnachtslieder im Sozialismus um einige Strophen reduziert, wenn sich dort christliche Motive zeigten, wie z. B. beim Lied „Am Weihnachtsbaume die Lichter brennen“. Es hat sechs Strophen, von denen jedoch im Sozialismus nur zwei abgedruckt wurden, da ab der dritten Strophe Engel kommen, um am Weihnachtsbaum mit den Menschen zu sprechen und ihnen Gottes Segen zu spenden. Hier kann der Prediger an das Bekannte anknüpfen und das Nichtbekannte ergänzen. Es ist dabei ein grundsätzliches Vorgehen im missionarischen Tun erkennbar: das vorhandene Wissen bzw. Nichtwissen nicht verunglimpfen, sondern kultivieren, erweitern und mit einem tieferen Sinn versehen.

Da Christen und Nichtchristen krank werden können, besteht die Frage für beide Gruppen, wie man damit zurechtkommt. Sicherlich ist die medizinische Versorgung etwas, das alle in gleicher Weise nutzen wollen und wo sie um Hilfe und Unterstützung bitten. Das Gesundheitswesen macht keinen Unterschied zwischen Christen und Nichtchristen. Es besteht jedoch für beide die Frage nach dem Sinn der Krankheit und des Sterbens. Hier unterscheiden sich dann Christen und Nichtchristen. Katholiken fahren nach Lourdes oder Fatima und bitten um seelische und auch körperliche Heilung. Nichtchristen kennen diesen Weg der Heilung nicht oder haben dafür kein Verständnis. Dennoch stellt sich auch für sie die Frage, welchen Sinn das Kranksein hat und welchen Wert der Kranke noch hat, der im Alltag auf Hilfe angewiesen ist. Bisweilen gewinnt er auch den Eindruck, dass dabei Kostenberechnungen einen hohen Stellenwert bekommen und er doch kein „Kostenfaktor“ sein möchte. Im Zuge dieser Überlegungen wurde 2005 die Idee geboren, für Kranke und ihre Helfer einen Segnungsgottesdienst anzubieten, der den Namen „Kosmas-und-Damian-Gottesdienst“ bekam, um an die beiden Heiligen zu erinnern, die der Tradition zufolge als christliche Märtyrer gestorben sind, weil sie ihre ärztliche Kunst für Christen und Nichtchristen eingesetzt haben, um auf diesem Weg auch das Evangelium zu verkünden. Seit drei Jahren wird dieser Gottesdienst am 26. September, dem Gedenktag der beiden Heiligen, in einem Alten- und Pflegeheim gefeiert, das einen großen und barrierefreien Kapellenraum hat. Der Seelsorger im Alten- und Pflegeheim bereitet den Gottesdienst zusammen mit dem Weihbischof vor; zwei weitere Geistliche kommen dazu, um am Ende des Gottesdienstes allen Anwesenden einen Krankensegen zu spenden. Dabei sind alle Anwesenden eingeladen, diesen Segen zu empfangen – unabhängig von ihrer Religionszugehörigkeit. Im Kindergarten basteln die Kinder für die Gottesdienstteilnehmer seit Jahren kleine Engel, die dann von den Kranken und Helfern mitgenommen werden können. Mit einer Klammer können die gebastelten Engel an die Kleidung angeheftet werden und somit haben die Teilnehmer weiterhin die Hände frei für Gehhilfen und Geländer. Jedes Jahr werden für die Gottesdienstgestaltung auch alte und kranke Menschen angesprochen, ob sie bereit wären, ein Zeugnis darüber zu geben, wie sie ihre neue Lebenssituation meistern. Manchmal tragen diejenigen, die dem zugestimmt haben, die Zeugnisse selbst vor, manchmal werden sie durch den Seelsorger des Hauses vorgetragen. Immer aber ist zu spüren, wie gut es den Anwesenden tut zu hören, dass auch andere mit dem Altwerden und Kranksein zu kämpfen haben und doch auch Wege finden, alles in Geduld zu ertragen und das Leben von einer anderen Seite zu sehen, als es vielfach die Verwandten und Bekannten tun. Gemeinsames Singen schafft die Atmosphäre der Hoffnung und Zuversicht. Viele haben sich in den Jahren für diesen besonderen Gottesdienst bedankt.

Der 14. Februar ist nach der Wende 1989 für die Menschen im Osten Deutschlands ebenfalls ein Tag geworden, an dem für die Verliebten, Verlobten und Verheirateten ein besonderes Gedenken an den Partner ansteht. Seit dem Jahr 2000 werden deshalb in ökumenischer Gemeinsamkeit Christen und Nichtchristen zu einem Segnungsgottesdienst eingeladen. Der Valentinsgottesdienst als „ökumenischer Segnungsgottesdienst für alle, die partnerschaftlich unterwegs sind" – so sein Untertitel – spricht seitdem viele Bewohner Erfurts und der Umgebung an. An diesem Tag kommen die Paare in den Gottesdienst, um durch Musik, Bibeltexte, Predigt und persönliche Zeugnisse von Paaren aus unterschiedlichen Phasen der Ehe in ihrer eigenen Partnerschaft gestärkt zu werden. Diese Segnungsgottesdienste haben eine große Verbreitung gefunden, was die ökumenischen Initiatoren besonders erfreut. Es wurde im Zusammenhang mit diesen Gottesdiensten über die Seelsorge der Kirchen an Eheleuten und an allen, die auf dem Weg zur Ehe und Familie sind, gesprochen. Es wurde deutlich, dass dieses Thema nicht nur im Abstand von 25 Jahren bei der Eheschließung und den Ehejubiläen zu besprechen ist, sondern eigens Beachtung in der Seelsorge verdient, was ja auch in der letzten Zeit durch Papst Franziskus besonders unterstützt und angeregt wird. Sein päpstliches Schreiben *Amoris laetitia* hat diesbezüglich zahlreiche Diskussionen und Kontroversen ausgelöst, aber auch deutlich gemacht, wie sehr die Sorge um Ehe und Familie angezeigt ist. Der Valentinsgottesdienst möchte ein kleiner Beitrag zu dieser Pastoral sein.

Zuletzt soll ein Projekt benannt werden, das sich mit dem Totenkult befasst. Die Frage nach dem Sinn des Todes konnte durch die Philosophie des Marxismus-Leninismus nicht beantwortet werden. So blieben die Menschen 40 Jahre lang ohne eine Hilfe bei der Beantwortung dieser Frage. Das Ergebnis war, dass sich eine Tendenz zum Verdrängen dieses Themas zeigte. Die Zahl der namenlosen Grabfelder auf den Friedhöfen stieg an. Die Menschen wollten vom Thema „Tod“ nichts wissen. Der Grund dafür war nicht Herzlosigkeit, sondern Nichtwissen und eine Unfähigkeit, der inneren Stimme einen Ausdruck zu verleihen, denn die Mehrheit der Menschen verlangte nach einer Deutung. Die christliche Deutung wurde ihnen verwehrt. Daher entstand die beklemmende Stille und Stummheit. Nach 1989 war es wieder möglich, in der Öffentlichkeit vom christlichen Glauben Zeugnis zu geben. Auch das Thema Tod und Auferstehung konnte in den Medien und im Religionsunterricht der Schulen angesprochen werden. Das Angebot einer Bestattung in einer Kirche führte dann zu einer Welle des Interesses, dem kaum Rechnung getragen werden konnte. In einer Kirche der Innenstadt wurden 630 Grabplätze für Urnen geschaffen, die von Christen und Nichtchristen zu Lebzeiten erworben werden konnten. In kürzester Zeit waren diese 630 Plätze verkauft und vergeben. Ein zweites Kolumbarium wurde 2014 mit 420 Plätzen eröffnet und auch dort erfolgte die Vergabe der Plätze in kürzester Zeit. Die ehrenamtliche Betreuung der Grabkirchen macht es möglich, dass auch mit einem geringen Verdienst oder einer geringen Rente die Plätze erworben werden konnten. Etwa 20 Prozent der Plätze wurden an Nichtchristen verkauft. Da weltliche Redner nach Festlegung des Domkapitels dort die Feiern nicht leiten dürfen, werden die Trauerfeiern für Nichtchristen durch die hauptamtlichen Seelsorger des Domes gestaltet. Dabei ist erkennbar, wie wohltuend es für die Angehörigen ist, eine Feierform angeboten zu bekommen, die ihrer persönlichen Situation als Nichtchristen entspricht, aber auch zu größerem Denken herausfordert.

Lassen Sie mich zusammenfassen: Aufmerksamkeit für religiöse Sehnsucht und Bereitschaft zum Beschreiten bisher „ungeschützter Wege“ sind die Voraussetzungen bei der Suche nach solchen Feierformen. Dabei sollten „natürliche“ Bewegungen und Bedürfnisse der Mitbürger berücksichtigt werden, wie z. B. das Strömen der Bewohner zu einem markanten Punkt der Stadt, etwa einem Platz, einem Berg oder einer Kirche. Es muss nicht unbedingt die „Heilige Nacht" sein, die als ein Termin für solche Feierformen denkbar ist. Auch Lebenswenden wie der Eintritt ins Jugendalter, die Schulentlassung, die Hochzeit und das Begräbnis können eine solche Feierform verlangen. Die christliche Tradition ist reich genug, um hier ein Angebot machen zu können, das keinen „Ausverkauf der Kirche" bedeutet und auch kein „Theater" ist.

Wir brauchen Klöster als Orte der Gotteserfahrung

Das Beispiel des Stiftes Heiligenkreuz

Karl Wallner

Gerade weil der christliche Glauben in der westlichen Welt in Gefahr ist, im Strom des Säkularismus still und leise zu verlöschen, brauchen wir Klöster. Wir brauchen auffällige, anziehende, oasenhafte Orte, an denen die Nähe zu Gott erfahrbar wird. Im Nachfolgenden möchte ich sehr persönlich meine Sicht anhand der konkreten Erfahrungen darlegen, die ich seit meinem Eintritt 1982 in das Stift Heiligenkreuz machen durfte.

Wer in ein Kloster benediktinischer Prägung eintritt, wie wir Zisterzienser es sind, der verortet sich. Er investiert sozusagen sein Leben in ein konkretes Kloster mit seiner konkreten Prägung und seinen konkreten pastoralen Aufgabenbereichen. Leben kann man nicht ohne Konkretionen. Wer weit und tief lieben will, muss sich für eine konkrete Frau entscheiden; muss sich in eine konkrete Familie hineinverlieren. Jesus spricht vom Weizenkorn, das sterben muss, indem es an einem konkreten Ort einwurzelt. Sterben bedeutet zugleich, Wurzeln zu schlagen, zu wachsen und groß zu werden. Der heilige Benedikt hatte die Idee von der *stabilitas loci,* von der örtlichen Beständigkeit, die wir Mönche bei unserer Profess geloben: „*in hoc loco* – an diesem Ort, der den Namen Heiligenkreuz trägt“, heißt es in unserer Gelübdeformel, möchte ich mein Leben Gott ganz schenken, „*usque ad mortem*“, bis zum Tod.

Tempora mutantur! Die Zeiten ändern sich. Unsere Klöster sterben nicht aus, im Gegenteil, sie ziehen suchende Menschen an. Wenn ich früher eine Führung durch unsere mittelalterliche Klosteranlage gehalten habe, dann kam mit hundertprozentiger Sicherheit irgendwann die Frage: „Herr Pater, wie viele Mönche leben hier denn *noch?*" Das „noch" habe ich immer als ein extrem unbehagliches Wort empfunden. Denn da schwingt ja der Verdacht mit, als seien wir Mönche so etwas wie Dinosaurier, die kurz vor dem Aussterben stehen: Zufällig gibt es uns halt „noch" … Natürlich habe ich Verständnis für diesen vorurteilsvollen Pessimismus, denn in der Öffentlichkeit wird über die Kirche, das Christentum, den Mangel an Priesterberufungen ausführlich und leider fast ausschließlich nur gejammert. Aber inzwischen höre ich diese Frage nicht mehr. Es hat sich herumgesprochen, dass das Stift Heiligenkreuz nicht ausstirbt und dass wir Mönche keine Dinosaurier sind. Heute, im Jahre 2018, zählen wir 101 Mönche und sind das größte Kloster Europas.

1. Wir brauchen Orte mit spiritueller Strahlkraft

Klöster sind Orte mit einer doppelten positiven „Strahlung". Die erste Strahlung ist die „übernatürliche", die Strahlung aus der Gnade Gottes heraus. Als Theologe bin ich ein wenig besorgt, wie schnell der christliche Glaube verblasst. Vor allem: wie sehr die Menschen verlernt haben, durch Gebet und Kontemplation in Verbindung mit Gott zu treten. Wir sind aber nun einmal Wesen, die mit einer Seele ausgerüstet sind, die ewigkeitsweit ist. Das heißt, dass wir eine Art Vakuum in uns herumtragen, das durch nichts zu füllen ist. Eine platte materialistische Lebenshaltung kann deshalb zwar Menschen schaffen, die glücklich und zufrieden sind – aber immer nur kurzfristig und flüchtig. Wenn die große Perspektive fehlt, dann lauern in den dunklen Abgründen des Herzens der große Frust und die öde Leere. Mit dem „kleinen“ Glück, dem „kleinen“ Spaß, der „kleinen“ Lust kann man dieses Seelenvakuum immer nur kurzfristig zustopfen, danach öffnet sich oft ein noch tieferer Abgrund des Nichts. Die Menschen heute spüren das instinktiv. Die Kirche hat sich nach meiner Einschätzung leider zu sehr von ihrer Kernkompetenz verabschiedet, die Menschen mit Gott zu verbinden. Das war über Jahrhunderte ihre Stärke, ihr Proprium: durch Gebet, durch Sakramente, durch Glaubensverkündigung den Menschen eine innere Beziehung zu dem unendlichen Gott zu ermöglichen. Also zu dem Gott, der die „Quelle des Lebens“ und die „Fülle der Kraft“ ist. Diese Konzentration auf das Göttliche müssen wir uns unbedingt zurückerobern, um auf dem „Markt der Spiritualitäten und Religionen“, der sich um uns herum entwickelt hat, wieder Boden zu gewinnen.

Viele Menschen von heute haben sich einer neuen Naturmystik und Naturreligiosität zugewandt, in der man wie in der Esoterik nur das „Abstrakt-Göttliche“, einen unpersönlichen „Es-Gott“ kennt. Wie sollte man es sonst erklären, dass regelmäßig in unserem Stiftshof Menschen zu sehen sind, die die uralten Platanen umklammern? Zunächst habe ich geschmunzelt. Seit ich den Film „Avatar“ gesehen habe, schmunzle ich nicht mehr, denn hinter der scheinbaren Naivität des Baumumklammerns steckt offensichtlich pantheistische Religiosität. Unsere Klöster sind christliche Klöster. Bäume sind für uns keine Götter. Wir glauben fest daran, dass die Natur von Gott geschaffen ist, aber wir sind nicht so naiv, dass wir die Schöpfung mit dem Schöpfer verwechseln. Das wäre ein Rückfall in ein naives Heidentum. Zur Ausstrahlung eines Klosters wie Heiligenkreuz gehört sicher auch die Naturlandschaft, die sie umgibt. Die Platanen im Stiftshof sind wirklich herrlich und erheben die

Seele, so dass man bei ihrem Anblick Gott zurufen möchte: „Wunderbar hast Du alles erschaffen!“ (Ps 104,24) Und: „Es jauchze die Flur und was auf ihr wächst. Jubeln sollen alle Bäume des Waldes“ (Ps 96,12). Aber die eigentliche Lebenskraft, die man in einem Kloster schöpfen kann, ist keine biologische Baumstrahlung, sondern eine übernatürliche Gnadenstrahlung. Ein alter Priester, den ich als junger Mönch in den letzten Lebensjahren pflegen durfte, sagte das schöne Wort: „Hier sind sogar die Steine durchbetet.“ Durch Jahrhunderte hindurch haben in unserem Kloster Menschen gelebt, gelitten, innerlich gekämpft, die Hingabe an Gott und die Menschen versucht. Ich bin sicher, dass dadurch so etwas wie Gnade in den Ort „hineingebetet“ und „hineingelitten“ wurde. Jedes Kloster ist ein heiliger Ort, und darum strahlt es Gnade aus.

Es gibt eine zweite Strahlung. Das ist die Ausstrahlung, um die wir Mönche uns selbst bemühen. Verstecken wollten wir uns nie, das wäre auch unchristlich und unkirchlich, weil wir kein Geheimbund sind, sondern eine Gemeinschaft innerhalb der Kirche, die für die Menschen betet und arbeitet. Es ist berührend, wie schon in früheren Zeiten unsere Vorfahren alles Mögliche getan haben, um mit den jeweiligen Mitteln die Schönheit des klösterlichen Lebens nach außen zu zeigen. Da wurden Broschüren verfasst, Büchlein gedruckt, schließlich entstanden ab den 1960er Jahren die ersten Filme. Und dann kam, Gott sei Dank, das Internet!

Die Möglichkeit für unsere Klöster, sich im Internet präsentieren zu können, ist ein Segen. Man kann sich so zeigen, wie man ist. Man kann wirklich „Anteil geben am eigenen Leben“, wie Paulus schreibt (1 Thess 2,8), um so den Menschen zu zeigen, dass man nicht nur nichts zu verstecken hat, sondern dass man offen ist für sie. Dass man es respektiert, wenn sie sich für ein so außergewöhnliches Leben interessieren. Faktisch jeder Klostergast surft vor einem Besuch intensiv durch die Homepage. Viele von den jungen Mitbrüdern erzählen, dass sie, als sie ihre Berufung nach Heiligenkreuz zu spüren begannen, immer wieder auf der Homepage gewesen sind, und sie dabei von einer Art Heimweh ergriffen wurden, das sie in ihrer Entscheidung gestärkt hat. Wildfremde Menschen aus allen Teilen der Welt bitten um das Gebet, weil sie durch das Internet auf uns gestoßen sind. Medienleute aus Hamburg erzählen mir, dass sie täglich nachschauen, was es in Heiligenkreuz Neues gibt. Und dem virtuellen Besuch folgt dann oft der reale.

2. Wir brauchen Klöster, wo Gäste geistlich auftanken können

Wenn jemand heute die Phrase verwendet „Ich gehe ins Kloster“, dann muss das keineswegs bedeuten, dass er einer göttlichen Berufung folgt und in das Kloster als Mönch oder Nonne eintritt. Es kann einfach heißen: Ich ziehe mich auf ein paar Tage ins Kloster zurück. So nach dem Motto des Wallfahrtsbuches von Hape Kerkeling: „Ich bin dann mal weg!“

Gäste und benediktinisches Mönchtum gehören zusammen. Benedikt hat vor 1500 Jahren weise Anordnungen gegeben, die sich auf das spirituelle Motiv beziehen. Er sagt, dass Gäste „wie Christus“ aufgenommen werden sollen. Für die Betreuung der Gäste muss laut Benediktsregel ein eigener Bruder zuständig sein. Das freundliche Gesicht, das einem an der Klosterpforte entgegenlacht, ist die beste Visitenkarte eines Klosters. Ich habe schon dutzende Management-Seminare anhand der Benediktsregel gehalten. Dort verweise ich dann gerne auf das, was Benedikt im 53. Kapitel über die Aufnahme der Gäste sagt. Das ist die beste Anleitung für Hoteliers, um Erfolg zu haben, denn Benedikt geht es bei der Gästeaufnahme um die innere, seelische Motivation. Die Mönche sollen nicht um des Profits willen freundlich und servicebereit sein, sondern sie sollen den Gästen Liebenswürdigkeit entgegenbringen um der Liebe Christi willen.

Benedikt versteht ein Kloster als „anziehendes Zentrum". Die stabile Gemeinschaft der betenden und arbeitenden Mönche ist nicht eine Zentrifuge. Die Mönche sollen daher „nicht draußen herumlaufen" (Regula Benedicti 66,7), sondern sie sollen im Kloster leben und ihre Arbeiten innerhalb bzw. im Radius des Klosters verrichten. Die Wirklichkeit zeigt, dass ein solches Zentrum dann erstaunliche zentripetale Kräfte entfaltet: Es zieht Menschen an. Benedikt prophezeit nicht nur: „Gäste werden dem Kloster nie fehlen!" (Regula Benedicti 53,16), sondern er will sogar explizit, dass Gäste kommen. Freilich setzt Benedikt auf klare Grenzen zwischen „drinnen" und „draußen". So hat sich im Laufe der Jahrhunderte der Brauch der „Klausur" entwickelt, den alle Orden auf unterschiedliche Weise übernommen haben. „Klausur" kommt vom lateinischen *claudere*, das heißt „schließen". Klausur bezeichnet jenen Bereich eines Klosterkomplexes, der wirklich nur den Mönchen oder Nonnen reserviert und von der Außenwelt abgeschlossen ist. Es handelt sich um den eigentlichen Lebens- und Wohnbereich der Mönche. Die Klausur hat eine wichtige psychologische Funktion, indem sie so etwas wie „Privatsphäre" schützt, wobei sich diese natürlich stark von der Privatsphäre etwa einer Familie unterscheidet, denn jeder von uns lebt ja immer auf Gemeinschaft hin.

Es gibt im Alten Testament in Genesis 18 eine Schlüsselstelle über Gastfreundschaft. Dort empfängt Abraham, der schon alt und betagt ist, drei Männer. Abraham weiß zu diesem Zeitpunkt schon, dass er auserwählt ist, „Vater der Menge" zu werden. Genau das bedeutet nämlich der Name

„Abraham". Doch er ist alt und seine Frau Sarah ebenfalls und scheinbar bereits unfruchtbar. Die drei geheimnisvollen Besucher wurden von den Kirchenvätern immer als Hinweis auf die göttliche Dreifaltigkeit gesehen und von dem russischen Maler Rubljew auf einer berühmten Ikone so dargestellt. Das Entscheidende dieser Erzählung ist die überbordende Gastfreundschaft, mit welcher der Beduine Abraham die drei Fremden aufnimmt: Er wirft sich ihnen zu Füßen, bittet sie von sich aus zu bleiben, wäscht ihnen die Füße, lässt seine Frau Sarah Brot backen, schlachtet ein Kalb und setzt es ihnen bei einem Festmahl vor. Das sind alles Elemente, die sich später im Verhalten Jesu widerspiegeln und die für unsere Klöster als Vorbild gelten müssen. Der „Lohn" für diese ungeheuchelte Liebe und uneingeschränkte Großzügigkeit ist die von Gott geschenkte Fruchtbarkeit. Denn kaum sitzen die drei Fremden beim Mahl, geben sie Abraham die Verheißung, dass seine Frau Sarah noch in diesem Jahr einen Sohn zur Welt bringen wird. Und so setzt sich von der Gastfreundlichkeit her die Heilsgeschichte in Gang, denn nun wird Abraham wirklich zum Vater und dann zum „Stammvater der Menge", zum Stammvater des Volkes Israel (vgl. Hebr 13,2).

3. Wir brauchen Schulen der Gebetserfahrung

Klöster sind Orte, wo gebetet wird. Seitdem wir in Heiligenkreuz durch unsere CD „Chant – Music for Paradise" so bekannt geworden sind, wollen viele Menschen an unserem Chorgebet teilnehmen, um den „singenden Mönchen" zu lauschen. Mittlerweile ist unsere Kirche sogar zu den kurzen Mittagsgebeten voll! Freilich bringt das wieder eine innere Herausforderung für uns mit sich. Denn dass die Leute sitzen und lauschen, ist an sich schön. Aber sogar ich, der ich mich grundsätzlich über die Anwesenheit von Interessierten freue, werde manchmal von dem Gefühl beschlichen, als würde ich beobachtet wie ein exotisches Tier im Zoo. Wir versuchen diese Situation dadurch zu meistern, dass unser Gästepater vor dem Chorgebet eine kurze Begrüßung hält, in der er den Sinn unseres Mönchsgebetes erklärt. Manchmal fügt er dann eine kleine geistliche Einladung an: „Wir beten jetzt gleich für Sie, tun Sie es auch für uns.“ Oder: „Auch wenn Sie unser lateinisches Chorgebet nicht verstehen, denken sie einfach an den lieben Gott!“ Uns ist natürlich klar, dass viele von denen, die während unseres Chorgebetes in der Kirche sitzen, nur Zuschauer sind, die sich von den schönen Melodien und der stimmungsvollen Atmosphäre berauschen lassen ...

Viele Menschen, auch getaufte Christen, sind ohne spirituelle Praxis aufgewachsen und haben gleichsam eine nichtaktive Seele. Die Seele ist das geistige Element in uns, das uns mit dem Raum des Jenseitigen, mit der Transzendenz Gottes verbindet. Welches Privileg hat doch der Mensch, dass er in sich eine solche Beziehungsfähigkeit auf das Unendliche hin vorfindet! Bei vielen Menschen ist die Fähigkeit, zu Gott zu beten, wie ein Geschenk, das nicht ausgepackt, wie ein Talent, das nicht aktiviert ist. Es ist eine große Gnade, beten zu können, und uns liegt sehr daran, dass die Menschen unsere Klöster nicht nur besuchen, um die Architektur und Kultur zu besichtigen oder uns Mönche beim Gebet zu begucken. Wir wollen sie dabei unterstützen, selbst Betende zu werden. Gebet ist eine Öffnung des Herzens auf Gott hin, ist ein Weitwerden der Seele für die Nähe Gottes. Gebet kann, aber muss nicht in Worten und Formeln bestehen. Gebet ist das Berührtwerden durch Gott. Das kann man nicht erzwingen, man muss es sich schenken lassen. Aber man kann schon etwas tun, um den lieben Gott zu motivieren, es einem zu schenken. Das muss am Anfang keine große oder zeitraubende Sache sein. Ein kurzer Gedanke genügt. Es ist schon Gebet, wenn ich zu Gott „Du" sage.

4. Wir brauchen Orte der Erfahrung der Gegenwart Gottes

Viele kommen zu uns, weil sie Sorgen und Probleme haben, die ihnen über den Kopf wachsen. Es ist eine Illusion, dass wir selbst mit unserem Leben fertig werden könnten. Wir brauchen dazu innere Stärke, wir brauchen dazu liebende Menschen und wir brauchen dazu eine heile Beziehung zu Gott. Gott ist die Quelle aller Heilung, darum sprechen wir von ihm ja als dem „heiligen", dem heilenden Gott. Seit ich ein wenig in der Öffentlichkeit bekannt geworden bin, flutet täglich ein Strom von E-Mails auf meinen Computer, und folglich auch in mein Herz, in denen Menschen um Gebet bitten. Familienprobleme, Krankheit, allgemeine Lebensangst oder auch sehr konkrete und detailliert geschilderte Belastungen bekomme ich da zu lesen. Und anderen Mitbrüdern geht es genauso. Wenn mich Journalisten fragten, ob ich durch den Medienrummel um uns herum nicht in Versuchung gekommen bin, mein Mönchssein etwas lockerer zu nehmen, habe ich mit einem klaren Nein antworten können. Tatsächlich ist das Gegenteil eingetreten. Durch die vielen Anliegen und Sorgen, die jetzt zu uns ins Kloster hineingeschrieben, -gemailt und manchmal sogar -telefoniert werden, ist mir erst so richtig die Bedeutung unseres Mönchsgebetes bewusst geworden.

Wichtig wäre aber, dass die Menschen selbst lernen zu beten. Unser erstes Ziel muss es sein, Menschen in Verbindung mit Gott zu bringen. Dazu hilft die Atmosphäre eines Klosters. Bei uns gibt es die „Sensation" des Göttlichen. In die uralten Gemäuer ist die Verbindung mit Gott über Jahrhunderte hineingebetet. Die Atmosphäre führt automatisch zu einer Öffnung, zumindest zu einer Neugierde. Besonders wichtig sind uns dabei die Jugendlichen. Denn sie sind oft am meisten verstummt gegenüber Gott, weil ihnen niemand die Ohren geöffnet hat, um seine Stimme zu hören. Ich bin als Jugendseelsorger des Klosters viel mit Jugendlichen zusammen, und ich habe oft das Gefühl, als würden mir in den Gesprächen die mehr als 2000 Jahre alten Worte des Psalmisten entgegenklingen: „Gott, du mein Gott, dich suche ich, meine Seele dürstet nach dir. Nach dir schmachtet mein Leib wie dürres, lechzendes Land ohne Wasser" (Ps 63,2). Da ist viel Suche, aber leider zu wenig Finden. Was die jungen Leute dann oft in der Kirche antreffen, ist Oberflächlichkeit, schon von den Themen her. Mit endlosem Gejammer über den Zölibat, wie das heute üblich geworden ist, bringt man keinen einzigen Jugendlichen näher zu Gott. Solche Themen begreift ohnehin nur der, der von Gott ergriffen worden ist, wie Jesus übrigens ausdrücklich im Zusammenhang mit diesem Thema sagt: „Wer das erfassen kann, der erfasse es …" (Mt 19,12). Wir haben uns in Heiligenkreuz dafür entschieden, Substantielles mit den jungen Leuten und für sie zu machen. Das heißt: Wir wollen ihnen eine Atmosphäre schaffen, in der sie wirklich beten lernen.

Weil mir viele Jugendliche auch per Mail oder Facebook ihre Probleme schildern und uns um das Gebet bitten, muss ich an dieser Stelle zum Bittgebet zurückkehren. Wenn man ein Kloster besucht, dann darf man ruhig seine Bitten mitbringen. Gott anzubetteln, ist nichts Unehrenhaftes. Denn wenn ich Gott bitte, dann bekenne ich ihm zugleich, dass ich ihn für mächtig genug halte, mir zu helfen. Der Apostel Paulus sagt deshalb seinen Gemeinden: „Hört nicht auf zu beten und zu flehen! Betet jederzeit im Geist; seid wachsam, harrt aus und bittet für alle Heiligen" (Eph 6,18). Wenn wir nicht mehr beten und bitten würden, dann würde das doch bedeuten, dass wir Gott nichts mehr zutrauen. Und ich fürchte, dass genau dies das Krebsgeschwür unseres Glaubens heute ist: Wir trauen Gott nichts mehr zu und meinen, alles selbst in den Griff bekommen zu können.

5. Wir brauchen das Zeugnis des zweckfreien Gebetes

Im Normalfall beten die Menschen am motiviertesten dann, wenn sie in Not sind und etwas von Gott erbitten wollen. Das ist, wie gesagt, gut so. Ich ermutige vor allem Menschen auf der Suche nach Gott, dass sie sich unbedingt trauen sollen, Gott um Großes zu bitten. Aber es gibt über das Bittgebet hinaus noch höhere Formen des Gebetes: den Dank und den Lobpreis. Wir sind damit beim Gebet der Mönche angekommen, denn unser Gebet ist in erster Linie zweckfreies Gebet. Unsere täglichen Gebete sind ziemlich umfangreich und zeitintensiv: Wir Mönche beten ca. drei Stunden gemeinsam, dazu kommen noch die stillen und persönlichen Gebete, die geistliche Lesung und verschiedene Übungen, um uns bewusst mit Gott zu verbinden.

Unser Gebet ist „zweckfrei", wir wollen nichts von Gott. Um es salopp zu sagen: Wir finden es einfach großartig, dass er ist und wie er alles gemacht hat, dass es uns ein Bedürfnis ist, ihm das drei Stunden am Tag lang zu sagen. Es wäre zu wenig, wenn wir nur beten würden, wenn wir etwas von Gott wollen. Gott möchte auch zweckfrei angebetet werden, er möchte auch betend gelobt und gepriesen werden. So wie die Engel Gott anbeten. Die Engel wollen nichts von Gott, sie brauchen nichts von Gott, ihr ganzes Glück ist es, Gott zu schauen, und ihm den nie endenden Lobgesang zu singen: „Heilig, heilig, heilig!" Die ganze Geistigkeit der Engel besteht im Glück, Gott anbeten zu dürfen. Gott anzubeten bedeutet auch für uns Menschen Glück, es bedeutet Ruhe, es bedeutet Geborgenheit. Wenn wir beten, dann hat das automatisch Auswirkungen auf uns selbst, auf unsere

Seele. Das Gebet hat Macht über uns selbst. Es bewirkt etwas in uns! Diese innerliche Macht des Gebetes ist mehr als eine psychologische Selbstberuhigung. Es ist ja der allmächtige Gott, der in die Seele des Menschen hineinwirkt. Die Kraft, die das Gebet wirkt, entspricht nicht einem geschickten Meditationstraining. Es ist wirklich Gott – besser gesagt: der Heilige Geist –, der da in das Herz des Menschen einkehrt. Er ist es eigentlich, der in uns betet, „mit einem Seufzen, das man nicht in Worte fassen kann" (Röm 8,26).

Wenn ich bete, gebe ich Gott Macht über mein Herz, über meine Gedanken, meine Gesinnungen, meine Pläne und Absichten. Das Gebet verändert mich, es sprengt mich auf, macht mich frei, öffnet eine Tür für das Wehen des göttlichen Geistes. Sobald jemand betet, durchbricht er die Mauern des Ego, er überschreitet die Grenze vom Ich zum Du. Zum Du Gottes und zum Du der anderen. Gebet öffnet. Das erleben wir Mönche sehr stark, weil wir ja zur Gattung der sogenannten „Zönobiten" gehören. Wir Benediktiner und Zisterzienser leben gemeinsam. Auf Griechisch heißt gemeinsames Leben *koinos bios,* wovon sich das Wort Zönobiten ableitet. Davon unterschieden sind die „Eremiten", die „Einsiedler", die aber nie ein institutioneller Stand oder Orden in der Kirche waren. Gemeinsames Gebet öffnet auf Gott hin und aufeinander zu. Man sieht die Mitmenschen plötzlich mit anderen Augen. Ich behaupte, dass betende Menschen sich besser in den Ehemann oder die Ehefrau, in den unfreundlichen Nachbarn usw. hineindenken können. Ein betender Mensch strahlt Güte und Verständnis aus. Wenn wir Mönche täglich so lange miteinander beten, dann geht es auch um unsere Herzensformung.

Gerade in einer glaubensfernen Welt sind Klöster als Orte, an denen es eine ununterbrochene Konnektivität mit der Sphäre des Göttlichen gibt, von größter Bedeutung. Das Charakteristikum eines benediktinisch-zisterziensischen

Klosters ist das feierliche gemeinsame Chorgebet. Besucher beeindruckt es schon, dass dieses Chorgebet wirklich jeden Tag, 365 Tage im Jahr, stattfindet. Egal an welchem Tag man in ein Kloster kommt, man wird dort immer morgens, mittags und abends Mönche beim gemeinsamen Gebet, beim Chorgebet, finden. Dazu kommt, dass der normale Gläubige heute nur mehr eine Form der Liturgie kennt, nämlich die Heilige Messe, denn in den letzten Jahrzehnten ist eine gewisse Verarmung der Gebetsformen in vielen Pfarrgemeinden eingetreten. Andachtsformen wie die Segensandacht am Sonntagnachmittag, der gemeinsame Rosenkranz vor der Messe, die Kreuzwegandachten oder Vespergottesdienste sind seit den 1970er Jahren immer „dünner" geworden. Das liturgische Leben vieler Gemeinden hat sich „nur" auf die Feier der Heiligen Messe konzentriert, also auch „reduziert". Wenig Neues ist dazugekommen, auch wenn die Kirche offiziell wünscht, dass alle Gläubigen nach Möglichkeit das „Stundengebet" beten sollen. Unser Chorgebet ist nichts anderes als das Stundengebet, das wir als Mönche in feierlicher Form verrichten. Das öffentliche Chorgebet ist sozusagen Markenzeichen einer Mönchsgemeinschaft. Natürlich kennen wir Mönche auch andere Formen des Gebetes. Aber das Chorgebet ist die Mitte all unseres Betens. Es ist zugleich, weil es öffentlich gefeiert wird, Zeugnis einer existentiellen Orientierung auf Gott, das das Leben eines Mönches prägt und trägt.

6. Wir brauchen „Mission Camps"

Der „Erfolg" von Heiligenkreuz ist ein Werk Gottes. Wir werden hier nur als Werkzeuge verwendet, damit Gott an uns ein Exempel statuieren kann. Wenn ich darüber nachdenke, warum wir so „ausstrahlen" und anziehend auf viele Menschen wirken, dann lande ich immer wieder bei dem Gedanken, dass sich durch die neuen Medien gerade uns, den alten stabilen geistlichen Zentren, völlig neue Möglichkeiten eröffnet haben. Ja, dass plötzlich wir „am Ort eingewurzelte Mönche" größere apostolische Chancen haben als jene Orden, die noch aus der Notwendigkeit entstanden sind, persönlich hinauszugehen. Durch die Medien ausstrahlen kann man aber nur, wo man ein Zentrum hat, wo es ein Schwergewicht gibt, wo es eine zentripetale Kraft gibt, die verhindert, dass sich alles in ein Karussell von Starallüren oder Mediengeilheit verwandelt. Und diese Kraft, von der alles ausgeht, ist unser gottkonzentriertes Leben als Mönche, das – fernab von Medien und pastoraler Notwendigkeit – täglich um 5:15 Uhr mit dem Chorgebet in der leeren Abteikirche beginnt. Diese Fokussierung auf Gott gibt uns Kraft, schenkt apostolische Energie. Sie ist, dies sei noch einmal betont, in sich „zweckfrei". „Worship" nennt man das heute in den charismatischen Aufbrüchen, die Gottes Geist seiner Kirche gewährt. Heiligenkreuz ist dadurch von sich aus ein Missionscampus geworden, wo die Menschen anhand von uns Mönchen und durch die Studenten an unserer Hochschule erfahren können, wie schön es ist, im Glauben zu leben. Viele meiner Studenten sind übrigens frisch bekehrt, viele brauchen Einwurzelung, geistliche Begleitung, gute Beichtväter, geduldiges Wachstum im Gebet und in der Annahme der eigenen Schwächen …

Ich glaube, dass wir „stabile" Zentren brauchen. Sie bezeugen etwas nach außen, das wir sonst verlieren würden. Aber ich sehe das nicht auf unsere alten Klöster beschränkt. Wir Klöster allein werden die Neuevangelisierung nicht schaffen. Ich denke, dass ein neuer Typus von Orten der geistlichen Stabilität im Entstehen ist – und dass wir solche dringend brauchen. Dr. Johannes Hartl, ein Familienvater, hat in Augsburg, von vielen beargwöhnt, diese Intuition aufgegriffen. Das „Gebetshaus Augsburg" boomt, es bietet konkrete Schulungen, Erfahrungs- und Lernprozesse für glaubenssuchende junge Menschen, wie wir sie in Heiligenkreuz nie bieten können. Auch bei den geistlichen Bewegungen, die sich bisher vor allem über Events wie die Prayerfestivals von Jugend 2000 und die Pfingsttreffen der Loretto-Bewegung definiert haben, sehe ich eine Tendenz zur „Verortung". Und das ist gut so! Im chaotischen Zerfließen der Werte, im Abebben des Wasserstandes des Christlichen in unserer Gesellschaft muss es zur Bildung von Oasen kommen – „Oasen der Glaubenskraft", die vom Gebet her leben und daher Tankstellen für die sinndurstigen Menschen unserer Zeit sind. In dem Maße, wie unsere Pfarreien austrocknen, sollten wir alles tun, um solche „Hot Spots" des Glaubens zu fördern, denn gerade junge Menschen brauchen Orte, an denen sie „online gehen können"; und sie brauchen Erfahrungen, wie es sich lebt mit Gott.

Als ich 1982 Zisterzienser geworden bin, ahnte ich nicht, dass gerade dieser Gehorsam gegenüber meiner Berufung meinem Leben eine ungeahnte und unplanbare apostolische Dimension geben sollte. Das gipfelte 2016 in der Überraschung, dass mich Papst Franziskus – der „Missionspapst" – zum Nationaldirektor der Päpstlichen Missionswerke in Österreich ernannt hat. In dieser Funktion erlebe ich eine boomende Weltkirche und kann ihr in ihrem Wachstum in Afrika, Asien, Ozeanien und Lateinamerika dienen. Zugleich sehe ich, dass auch die boomenden Missionskirchen stabilisierende Zentren, also Klöster, benötigen.

Ich bin dankbar, dass Gott uns in Heiligenkreuz als missionarisches Antidepressivum für den deutschen Sprachraum verwendet. Aus meiner Erfahrung mit Heiligenkreuz treibt mich aber eine Idee um: dass sich die Bewegungen und Aufbruchskräfte, die es in der Kirche überall gibt, zu „Oasen der Kraft" zusammentun und verorten. Dass das, was früher einzelne Orden und heute leider nur mehr vereinzelte Klöster schaffen, jetzt als Gemeinschaftswerk der jungen Bewegungen entsteht. Sie sollen Orte bilden, wo man Gott erfahren kann: im Lobpreis, in den Sakramenten, im Gemeinschaftsleben, im Lernen, im Zeugnis, im gegenseitigen Dienst und in der kreativen Evangelisierung durch den Einsatz der Medien. Wir brauchen dringend „Mission Camps", wo sich von der Gottesbegegnung her die missionarische Kraft, mit der Christus seine Kirche durch alle Zeiten ausgestattet hat, neu fokussiert und viele entzündet.

Autorenverzeichnis

Martin Dürnberger Dr. theol., geb. 1980, Assistenzprofessor für Fundamentaltheologie und Ökumenische Theologie am Fachbereich Systematische Theologie der Universität Salzburg und Leiter der Salzburger Hochschulwochen.

Reinhard Hauke, Dr. theol., geb. 1953, Weihbischof im Bistum Erfurt.

Felix Körner SJ, Dr. phil. Dr. theol., geb. 1963, Professor für Dogmatik und Theologie der Religionen an der Päpstlichen Universität Gregoriana (Rom).

Thomas Marschler, Dr. theol. Dr. phil., geb. 1969, Professor für Dogmatik an der Katholisch-Theologischen Fakultät der Universität Augsburg.

Jozef Niewiadomski, Dr. theol., geb. 1951, Professor für Dogmatik an der Universität Innsbruck.

Jörg Splett, Dr. phil. Dr. theol. h.c., geb. 1936, em. Professor für Philosophie an der Philosophisch-Theologischen Hochschule Sankt Georgen (Frankfurt am Main).

Klaus von Stosch, Dr. theol., geb. 1971, Professor für Katholische Theologie (Systematische Theologie) und ihre Didaktik und Vorsitzender des Zentrums für Komparative Theologie und Kulturwissenschaften an der Universität Paderborn.

Christian W. Troll SJ, Dr., geb. 1937, em. Professor für das Studium des Islam und der christlich-muslimischen Beziehungen an der Philosophisch-Theologischen Hochschule Sankt Georgen (Frankfurt am Main).

Karl Wallner, Dr. theol., *geb. 1963,* Professor für Dogmatik und Sakramententheologie an der Philosophisch-Theologischen Hochschule Benedikt XVI. Heiligenkreuz (bis 2016 auch deren Rektor) und Nationaldirektor der Päpstlichen Missionswerke in Österreich.

Saskia Wendel, Dr. phil., geb. 1964, Professorin für Systematische Theologie an der Universität Köln.

Weitere Bände der Reihe Theologie kontrovers

Clauß Peter Sajak / Michael Langer (Hg.)
Kirche ohne Jugend
Ist die Glaubensweitergabe am Ende?
2018, 224 Seiten
ISBN 978-3-451-38045-7

Thomas Söding (Hg.)
Führe uns nicht in Versuchung
Das Vaterunser in der Diskussion
2018, 192 Seiten
ISBN 978-3-451-38264-2

Thomas Laubach (Hg.)
Gender – Theorie oder Ideologie
2017, 336 Seiten
ISBN 978-3-451-34927-0

Marianne Heimbach-Steins (Hg.)
Zerreißprobe Flüchtlingsintegration
2017, 224 Seiten
ISBN 978-3-451-37618-4

Marianne Heimbach-Steins (Hg.)
Begrenzt verantwortlich?
Sozialethische Positionen in der Flüchtlingskrise
2016, 208 Seiten
ISBN 978-3-451-37668-9

HERDER

Weitere Bände der Reihe Theologie kontrovers

Benjamin Leven (Hg.)
Unabhängige Theologie
Gefahr für Glaube und Kirche?
2016, 240 Seiten
ISBN 978-3-451-37609-2

Konrad Hilpert / Jochen Sautermeister (Hg.)
Selbstbestimmung – auch im Sterben?
Streit um den assistierten Suizid
2015, 224 Seiten
ISBN 978-3-451-34287-5

Ulrich Ruh / Myriam Wijlens (Hg.)
Zerreißprobe Ehe
Das Ringen der katholischen Kirche um die Familie
2015, 320 Seiten
ISBN 978-3-451-34254-7

Konrad Hilpert / Bernhard Laux (Hg.)
Leitbild am Ende?
Der Streit um Ehe und Familie
2014, 320 Seiten
ISBN 978-3-451-34192-2

Joachim Valentin (Hg.)
Der ‚Fall' Tebartz-van Elst
Kirchenkrise unter dem Brennglas
2014, 208 Seiten
ISBN 978-3-451-31244-1

HERDER

Weitere Bände der Reihe Theologie kontrovers

Thomas Laubach / Stefanie A. Wahl (Hg.)
Arme Kirche?
Die Botschaft des Papstes in der Diskussion
2014, 160 Seiten
ISBN 978-3-451-34196-0

Thomas Laubach (Hg.)
Kann man Gott beleidigen?
Zur aktuellen Blasphemie-Debatte
2013, 224 Seiten
ISBN 978-3-451-30905-2

Thomas Söding (Hg.)
Zu Bethlehem geboren?
Das Jesus-Buch Benedikts XVI. und die Wissenschaft
2013, 240 Seiten
ISBN 978-3-451-30768-3

Georg Bier (Hg.)
Der Kirchenaustritt
Rechtliches Problem und pastorale Herausforderung
2013, 288 Seiten
ISBN 978-3-451-30903-8

Magnus Striet / Jan-Heiner Tück (Hg.)
Erlösung auf Golgota?
Der Opfertod Jesu im Streit der Interpretationen
2012, 180 Seiten
978-3-451-30651-8

Weitere Bände der Reihe Theologie kontrovers

Jan-Heiner Tück (Hg.)
Risse im Fundament?
Die Pfarrerinitiative und der Streit um die Kirchenreform
2. Auflage 2012, 240 Seiten
ISBN 978-3-451-30579-5

Georg Essen (Hg.)
Verfassung ohne Grund?
Die Rede des Papstes im Bundestag
2012, 220 Seiten
ISBN 978-3-451-30576-4
Judith Könemann / Thomas Schüller (Hg.)
Das Memorandum
Die Positionen im Für und Wider
2011, 200 Seiten
ISBN 978-3-451-30517-7

Stefan Orth (Hg.)
Eros – Körper – Christentum
Provokation für den Glauben?
2009, 148 Seiten
ISBN 978-3-451-30213-8

Wolfgang Beinert (Hg.)
Vatikan und Pius-Brüder
Anatomie einer Krise
2. Auflage 2009, 260 Seiten
ISBN 978-3-451-30279-4